U0621139

探究新时代多维视角下的英语教学新发展

赵 明 著

中国纺织出版社有限公司

内 容 提 要

在全球范围内构建人类命运共同体这一时代使命需要作为全球通用语的英语来成为各国之间信息沟通与交流的桥梁,这使得英语教学的重要性不言而喻。很显然,新时代为我国英语教学发展提供了新机遇,也提出了新要求。本书首先对英语教学理论与发展概况进行了综述,其次分别介绍了媒体融合视角下、基于建构主义、产出导向法视域下、混合学习空间视域下、跨文化视角下、核心素养下的英语教学。本书适用于各层次的英语教师、英语专业本科生和研究生,可为广大外语师生从事外语教学与研究提供参考。

图书在版编目(CIP)数据

探究新时代多维视角下的英语教学新发展 /赵明著
. -- 北京 :中国纺织出版社有限公司,2023.10
ISBN 978-7-5229-1266-0

Ⅰ.①探… Ⅱ.①赵… Ⅲ.①英语-教学研究 Ⅳ.
①H319.3

中国国家版本馆 CIP 数据核字(2023)第223584号

责任编辑:张 宏 责任校对:高 涵 责任印制:储志伟

中国纺织出版社有限公司出版发行
地址:北京市朝阳区百子湾东里 A407 号楼 邮政编码:100124
销售电话:010—67004422 传真:010—87155801
http://www.c-textilep.com
中国纺织出版社天猫旗舰店
官方微博 http://weibo.com/2119887771
北京虎彩文化传播有限公司印刷 各地新华书店经销
2023 年 10 月第 1 版第 1 次印刷
开本:787×1092 1/16 印张:12.625
字数:190 千字 定价:98.00 元

凡购本书,如有缺页、倒页、脱页,由本社图书营销中心调换

前 言

　　近几年来,我国英语教学质量已经得到了显著提升,但是从整体来看依然还有一定的发展空间,学生的英语综合素质并没有得到明显的改善。这说明在英语教学中仍存在众多缺陷,导致英语教学质量难以提升。新时代多维视角下的英语教学是与社会发展相契合的教学理念,将其应用在英语教学中可以有效解决当前存在的教学问题。本书基于新时代多维视角下对英语教学新发展进行了探索与研究,力求实现多维视角下英语教育研究的全面性。

　　本书共七章,第一章介绍了英语与英语教学理论、英语教学研究发展概况、国际和国内的英语教学理论研究新成果;第二章为媒体融合视角下的英语教学;第三章为基于建构主义的英语教学;第四章为产出导向法视域下的英语教学;第五章为混合学习空间视域下的英语教学;第六章为跨文化视角下的英语教学;第七章为核心素养下的英语教学。

　　本书在编写过程中借鉴了大量优秀教材、实用技术资料,吸取了许多专家和同人的宝贵经验,在此向他们深表谢意。由于编者水平有限,书中难免存在不足与疏漏之处,敬请同行专家和广大读者给予批评指正。

著者

2023 年 2 月

目 录

第一章

英语教学与发展

第一节　英语与英语教学理论

一、英语的概念

英语是盎格鲁-撒克逊人的民族语。它属于印欧语系的日耳曼西部语支。英语最早起源于公元 5 世纪,它是在 1500 余年的漫长历史进程中发展起来的。印欧语系是世界上最大的语系,包括欧洲、美洲和亚洲地区的大部分语言。世界总人口中,有一半以上的人讲印欧语系的某种语言。日耳曼语族是一个比较大的语族,分为三个语支:东日耳曼语支,以现已绝迹的哥特语为代表;北日耳曼语支,以古北欧语为代表,包括现在的挪威语、冰岛语、瑞典语和丹麦语等;西日耳曼语支,包括低地德语、现在的荷兰语、高地德语、英语、弗里西亚语、佛兰芒语等。因此,我们常说英语属于印欧语系的日耳曼语族的西日耳曼语支。

20 世纪英国加快了殖民扩张的步伐,英语也随之被广泛传播。在传播的过程中,英语同多种当地的语言接触,词汇逐渐变得多元化,语法也从初始的"多屈折"变得"少屈折"。同印欧地区的语言比较,现代英语已经变得较为简单,没有很多屈折的变化,阴阳性的变化也消失殆尽,除了人称代词还有性和格的区别外,其他词汇已经没有了这种区别,它对词语之间较为固定的位置与顺序更加关注,英语正在逐渐接近分析语。英语中仍然保留的屈折变化有所有格,例如动词现在时的第三人称单数、动词过去式、现在分词进行时态、过去分词、动名词、名词的复数、形容词的比较级、形容词的最高级等。语音也发生了规律性的变化。由于英文的使用范围极为广泛，不可避免地出现了各种地区性变体。有的语言学家已经不再把伦敦或英国上层人士的英语作为唯一的标准英语，而把它作为地区英语之一来看待。

除英国英语外，最值得注意的是美国英语（亦作"美式英语""美语"）。美国英语是 17 世纪产生的。它是随着英国向北美进行殖民活动、英国人向北美移民并在那里定居而形成的。当时英国移民所使用的语言基本上是伊丽莎白时代的英语。那个时期，正是伟大的剧作家莎士比亚创作的鼎盛时期，也是英语向外广泛传播并产生巨大影响的时期，因此，又把当时英国移民所使用的语言称为莎士比亚时代英语。美国在 18 世纪建国之后，本土语言仍以英国为宗。美国学者最初称其为"在美国的英语"。到了第一次世界大战之后，美国国力大增，就有学者提出"美国语"一说。在半个多世纪以前，很多人将这一概念解释为单独被美国人所使用的语法和词汇。英国人大多秉持"纯洁主义"，他们认为"美国语"并非纯正的英文，与英国纯正的英语没有可比性。但是第二次世界大战爆发前后，开始出现了"美国英语"这一概念，这种英语，指的是仅为美国本土公众所使用的英语，这种英语有着自己的风格与特点，也不再强调自身与英国英语的关联与渊源。到了现代社会，英国的学术界也认可了美国英语的独立性。在语音方面，美国英语与英国英语差别非常明显，但是在拼写方面的差别并不大。关于词汇，长期以来，英国英语一直被美国英语当作规范，"二战"爆发后，美国的大众传媒获得了前所未有的发展，美国英语反而对英国英语产生了很大影响，且这种影响越来越明显。美国英语同英国英语在文学作品上的区别最为明显，而在科技界和学术界，美国和英国的医疗人员习惯使用的，是一种具有中性特征的文体。他们将辞书视作是标准的英语，例如，被誉为"全世界拥有最多读者的英文词典"——《牛津英语词典》等。

美国英语是美国"熔炉文化"的体现。操着不同语言的移民从世界各地来到以英语为唯一官方语的新世界。正是这个强制性的官方语使美国文化成为熔炉性的多元文化，移民们被迫将自己的母语局限于家庭和社团使用而沦为方言，他们也被迫使用英语来谋求生存和发展。这就是说，移民们强制性地将自己的母语情结限定于社团感情的范围，而视英语情结为民族国家感情，于是美国英语就成了熔炉文化铸造"新世界的新人"的语言工具。

英语在世界各国还有多种体系和分类，除了美国英语外，还包括澳大利亚、加拿大、南非、新西兰、印度等国和加勒比地区及东南亚地区的英语，这些国家或地区的英语，在语法的使用和词语的创造性方面都有自身的区域性特点。

二、英语教学理论

（一）比较语言学概述

比较语言学，又称历史比较语言学，在18～19世纪的时候兴起于欧洲国家，印欧语系中各个语言的语音系统成为其主要的研究方向。重点是对各个语言的不同加以对比分析，或者是将同一种语言的不同历史发展阶段进行对比分析，从而对它们语音语法上的联系和异同之处进行比较分析的一种学科研究。该学科的兴起，既有利于探索相关语言之间在结构上的联系，从而找出它们共同的发源语，对语言特征在语言教学中的作用有充分的认识，还能对语言发展和变化轨迹进行探索。到19世纪时，该学科重点运用在了印欧语的语言研究上，成果颇丰。

（二）理论语言学概述

理论语言学是针对语言进行科学研究的一门学科，它的主要科研任务是对人类的语言进行分析、比较和阐述，主要内容有语言的实质、结构、组成和应用。语音学、词汇学、句法学和语音学等都属于它的旁支。语言学可以使人们对语言具有科学的认识，因为不同的语言观将直接影响英语教学质量。桂诗春教授曾经讨论了三种不同的语言观及其对英语教学的影响。语言学理论可以有效帮助人们正确、科学、全面地认识语言。语音学研究语音的物理属性、人类发音的方法、语言感知的生理过程，主要内容包括语音的发音机制，元音、辅音、语言的韵律特征等；音位学则研究一种语言有多少个不同的音，以及这些音彼此之间的区别和关系，主要内容包括音位和语音的区分特征；词汇学研究词的构成及变化规律；句法学研究句子的结构；语义学则研究词的意义以及同义、反义、上下义等语义关系。这些学科的研究成果都可以直接地应用于英语教学的实践之中。

(三)社会语言学概述

社会语言学研究的是语言的社会本质和差别以及它们的社会因素。社会语言学认为,社会交际功能是语言的最本质功能。一个儿童是在社会化的过程中习得母语的,他不仅能按本族语的习惯说出符合语法的句子,而且能在一定的场合和情境中使用恰当的语言形式。

(四)应用语言学概述

在基础理论之上的是应用语言学的研究,应用语言学具有广义和狭义之分。广义的应用语言学指的是把语言学的知识应用于解决其他科学领域的各种问题,狭义的应用语言学则专门指语言教学,特别是第二语言的教学和英语教学。目前谈到应用语言学,人们在绝大多数情况下是从狭义的角度来说的。应用语言学是语言理论和语言教学实践之间的一座桥梁,对英语和第二语言学习的研究构成了应用语言学的中心部分。比较分析和错误分析方面的理论为语言的教授和学习过程提供了许多有益启示,有些比较分析通过对母语和所学语言之间的比较来预测可能出现的难点,错误分析则试图对学习者所犯的语言错误进行系统分析,从而知道该怎样改进教与学的方式。教学法研究也是应用语言学研究的一个重点,语法翻译法、直接教学法、听说教学法、情境教学法、功能教学法、交际教学法都在英语教学领域得到过广泛应用。近年来,应用语言学界又逐渐地从关注教学法的研究转移到关注学习者的个体差异方面,包括智力、语言学能、人格特征、学习方式、学习策略、学习动机、学习兴趣及家庭环境等。语言测试也是人们目前比较关注的问题,尤其是在应试教育盛行的情况下,人们开始意识到应该采用更有效的测试与评估手段,这些测试与评估手段对英语教学形成良性的反拨作用。英语测试根据其用途可分为多种类型:潜能测试用来预测语言学习的能力;诊断测试用来检查教学中的问题,看学生掌握了些什么,还有哪些没有掌握,而且提出补救的措施;成绩测试往往根据特定的教学大纲,来检查学生对所教内容掌握了多少;水平测试用来评估学生总的语言能力,以便知道他能否胜任某一工作,至于考生什么时候或怎样学的这门语言则不加考虑。试卷设计的方法、考试分数的计算以及试卷的评估都是应用语言学非常关注的问题。现在人们又开始注意形成性评价在英语教学中的应用,注意评价学生在学习过程中使用所学知识进行学习活动的情况,以便客观地反映学生的进步。

(五)行为主义心理学概述

行为主义心理学是 20 世纪 50 年代在美国兴起的一种心理学思潮,其主要代表人物是华生和斯金纳。行为主义认为,学习是刺激与反应之间的联结,他们的基本假设是:行为是学习者对环境刺激所做出的反应。他们把环境看成刺激,把伴随而来的有机体行为看作反应,认为所有行为都是习得的。在学习理论中,行为主义起到了重要的作用,尤其是巴甫洛夫的经典条件反射和斯金纳的操作条件反射理论在人类的学习中应用甚广。

第二节　英语教学研究发展概况

21 世纪以来,英语教学研究不断面临全球化、科技化以及随之而来的多语化的挑战,越来越多学者为了更全面地了解这种时代背景下复杂的二语习得现象,开始从不同学科汲取理论及研究方法养分,以求利用新的视角探讨历史上二语习得研究未曾深入探讨过的话题。不同于以往研究过多关注学习者二语学习的内部过程,近年来学者越来越多结合社会学、人类学、符号学、认知心理学等多学科探究语言学习中的内部过程、外部过程以及二者之间的复杂交互过程。因此,语言学习不仅仅是一种"习得式隐喻",还是一种"参与式隐喻"。也就是说,学习产生于参与过程中,而并非完全是参与的结果。参与式隐喻引发了不少研究者对学习者语言使用过程的关注,一些影响该过程的因素受到越来越多人的关注,包括学习者的语言资源库、学习投入、社会身份认知、语言学习的内化过程、二语社会化过程及语言习得意识形态等。

从这些话题中,我们可以总结出四条线索,即二语习得及教学研究:①由认知语言学及心理语言学聚焦的认知维度拓展到囊括对英语学习社会维度的考察。②开始反思单语视角下的语言习得观以及教学观,并主张从多语视角出发,综合看待并发展外语学习者多语资源系统。③开始更全面地探查外语学习的情感维度,以弥补传统认知视角对于该维度的忽视。④广泛从各个学科汲取养分,逐渐呈现出跨学科研究趋势。

本节将从以上四条线索出发,对当今国内外二语习得研究的社会转向、多语转向、积极转向以及超学科趋势，从理论观点、实证依据以及研究教学启发三个方面进行总结。

一、社会转向

（一）社会文化理论

社会文化理论认为一切高级思维都受中介调节，而语言是思维发展最主要的中介工具。人类通常借助受历史文化影响的辅助手段去作用于心理和实体对象。通过这种对辅助手段的利用并最终学会自己生成辅助手段，人类能够充分发挥其能动性实现对心理机能的自我调节和控制。具体来说，人类所使用的中介手段产生于他们参与历史文化活动的过程中；在此过程中，各种文化制品和文化概念之间产生复杂交互。因此，可以说文化活动、文化制品和文化概念这三种文化因素是人类心理过程的基本组成要素。

教育语境下，专家为新手提供的最为有效的中介是基于学习者最近发展区而提供的辅助。最近发展区即学习者独立解决问题的水平与他人提供支架帮助时所能达到的潜在水平之间的距离。换句话说，专家应当基于学习者的潜在能力而为他们提供"量身定制"的辅助性支持，进而发展学习者的认知能力。在此环境下，学习发生的证据在于学习者之前需要支架辅助才能产出的语言形式，后来可以由学习者独立用于语言产出中。此外，学习是否发生还可以从学习者所需要的辅助看出来，如果中介（反馈）提供者为学习者提供的辅助越来越隐性化，而学习者又能在此情况下逐渐脱离对显性辅助的依赖，那么他们就处于知识学习的过程中。

社会文化理论坚持理论、研究与实践的辩证统一，认为理论为实践提供基础，但同时又需回应实践的需要。这一取向被称为实践论。受实践论影响，近年来两种基于社会文化理论观的语言教学方法越来越受到关注，一种是动态评估，另一种是概念型语言教学（简称概念型教学）。动态评估主要基于最近发展区思想，强调教师、同伴、计算机如何通过社会互动与学习者共建（学习者的）最近发展区，这种通过互动而为学习者（由隐性向显性）提供中介辅助的过程有别于传统测评。传统测评的主要目的是测试学习者的已有水平，是一种回溯性检测方案；而动态评估是一种前瞻性的、融教学与测试于一体的双效方案，能够帮助教师洞悉学习者正在发展而又未完全发展的语言能力并同时制定有效干预手段帮助学习者达到新的发展水平。概念型教学主要基于中介思想,强调有效的二语教学需要教师向学习者系统地呈现学习对象所涉及的概念性知识,并将概念知识物化,使之作为学习者的中介,用以达到学习目标(掌握语言知识)。

基于社会文化理论中介概念发展而来的活动理论是社会文化理论对英语教学的另一理论贡献。在活动系统模型中,主体为了实现目标(客体),在工具、规则和分工等构成的社会文化环境中,通过具体的中介作用于客体,最终将客体转变为结果。李琳运用活动理论于英语课堂教学,构建了概念型教学系统模型,并在活动理论视角下对概念型教学课堂中的英语教师与学生进行了案例分析,系统、全面地揭示了影响概念型教学中介应用的因素。

(二)身份认知理论

身份认知理论源于社会心理学,诺顿将其运用于二语习得领域。她认为语言学习者的动机研究需要考虑学习者自身的身份认知维度,并且这种维度不能孤立地在个体身上探讨,还应该在更广的社会情境维度中进行具体分析。诺顿将身份认知定义为:个体对于自身与外在世界之间关系的理解,对于这种关系是如何受时间以及空间影响的理解,以及对于这种关系未来发展可能性的理解。作为二语习得研究社会转向的重要体现之一,诺顿的身份认知视角主张语言的学习过程必然与学习者自身复杂多样且不断发展变化的身份认知相关。在语言学习者进行语言交际的过程中,不仅存在信息的交换,还存在语言学习者自身与其他社会角色之间关系的重新配置,这种关系的调整会受学习者自身各种身份影响,例如,种族、阶级、性别等。学习者的"假想身份"与"假想社群"同样也会为学习者的语言学习和使用带来深刻影响。假想身份是个体通过想象建立起来的身份认知,归属于个体理想中想要加入的假想社群。在二语学习过程中,学习者常通过假想自我未来的外语身份来调整并设定二语学习目标,从而影响其语言学习。此外,诺顿还受"文化资本"概念启发,提出了"投资"这一概念来理解语言学习者与目标语之间复杂的社会文化历史关系。她认为,二语学习者对一门语言进行的投资建立在这样的意识之上,即自己的学习是为了获取更广的语言资源,并且这种学习能够提升自己的文化资本。因此,语言学习的投资不仅是对目标语知识的投资,还是对于自身身份认知的投资。在这一基础上,她认为语言学习动机问题需要进一步探讨具体情境下的学习投资情况,而不是单纯地聚焦于学生是否有动机,因为学习者可能本身具有强烈的语言学习动机,却因为二语课堂的某些特定情境,例如,教师过于专制、课堂内存在性别歧视等,而表现出较小的学习投资。国际上,许多学者在身份认知视角下探讨外语学习者如何在课堂上协商、建立身份,以及这种身份的协商和建立过程又如何影响语言学习。

(三)语言社会化理论

语言社会化理论同样也是一个跨学科理论,广泛受到母语习得、语言人类学、社会文化理论、系统功能语言学等学科领域及理论的影响。语言社会化理论与社会文化理论一样都聚焦于语言能力发展的社会情境,但两者的区别在于:前者的落脚点在于学习者如何在语言学习过程中实现个体的社会化,后者落脚于学习者如何在交互活动中实现语言知识的内化学习。语言社会化理论主张不仅要从认知层面分析语言能力的发展,而且要着眼于语言互动过程产生的其他知识习得,这类知识囊括社会习俗、规则以及文化道德观念等。简言之,语言习得的过程不仅是语言能力发展的过程,还是一种社会文化认知的过程。语言社会化理论与英语教学研究联系最为紧密的主题在于基于民族志方法探究二语学习者(尤其是移民学生)如何在目标语文化社区实现社会化。在这一主题下,具体的课堂学习条件、教材、当地的课堂文化、语言学习及使用观念,以及社会文化中被认可且能被语言学习者采用的假想身份,都是能对该社会化过程产生影响的因素。

二、多语转向

在二语习得研究领域,多语主义反对"单语偏见"的研究范式。长期以来,外语教学的一大目标就是培养出具有与母语者同等语言交际能力的学习者,围绕这一目标的单语研究范式在外语研究与教学领域中占据着重要地位。许多学者挑战了这种观念。此外,在语言使用上,这种"单语偏见"还导致传统的语言教学过分重视语言的纯洁性,在语言教学中秉持着语言分离的理念,将跨语言因素视作绝对的教学障碍,忽视了交际过程中意义构建的本质。

二语习得研究需要重新审视二语学习者,不能把他们简单地看为目标语的模仿者,而应该把他们视作正在用自己的各类语言资源来塑造语言交际能力的语言使用者。另外,传统的研究范式失之偏颇地将二语学习者的语言能力与流利的母语者进行对比,忽视了二语学习者与母语者的区别:母语者的语言能力是在单语背景下发展起来的,而二语学习者的语言能力是在两种语言接触中,也就是多语背景中发展起来的。对欧洲、中东以及亚洲国家的语言教学发展进行总结,可发现传统的语言教学过于绝对地将母语与二语分离开来,忽视了语言的流动性本质,她进一步主张语言教学应当转换视角,将语言使用更生动地理解为"言说",将双语及多语者的语言混合使用称为超语言,即将学生的语言实践看作其语言资源的灵活运用。简言之,应该主张从传统的单语视角转向用双语或多语视角来看待二语习得,这一视角转变被称为"多语转向"。这一转向强调我们要正视语言学习者作为双语资源使用者的身份,用一种复杂系统观的视角来观察、干预和探究二语学习者的语言使用与认知机制。

近年来,多语研究也逐渐发展出一系列语言习得理论以及教学理论,这些理论都在不同程度上反映其拒绝单语偏见、反对分离式语言教学和研究的价值取向。著名的"动态多语系统模型"解释了多语学习者语言认知机制的发展模式。该模型认为,学习者在两门或两门以上的语言学习过程中,自身的各个语言系统之间存在着复杂的交互,在这种交互中形成了个体自身的多语系统。随着语言知识水平的提高,学习者的多语系统会涌现出"多语催化因素",进而提升学习者自身的元认知能力与元语言意识。在外语阅读研究中,二语学习者的外语阅读能力是在一种"双语参与"的机制下发展起来的,不仅外语与母语的语际差别会对这种能力产生正面或负面的影响,母语的阅读能力与经历也会对外语阅读能力产生影响。此外,对近年来双语现象的研究进行总结发现:不仅在英语二语阅读中存在着母语对英语阅读产生的语际影响,二语学习者在母语阅读过程中也体现出英语二语的影响,这说明了二语学习者的整体读写能力是在一种双语系统下发展的。"多元能力"概念描述了双语学习者的语言能力系统,认为各门语言能力是其语言系统"整合连续体"模式的体现。这些理论都表明,多语研究拒绝二元地看待二语学习者的语言能力发展,相反,他们自身的多语系统和语言资源应该被看作一个复杂的整体。

三、积极转向

积极心理学的研究范畴包括:积极情感体验、积极人格以及积极机构。积极情感体验主要聚焦于个体或集体对希望、兴趣、乐观等积极情感方面的体验。积极人格则聚焦于研究在特定情境下哪些具体的积极人格特质能够促进个体的正向发展。而积极机构则聚焦于如班级、学校、教育组织、公司等组织的积极心理状况,是三类范畴中较少被研究的话题。积极心理学研究的一大中心原则是通过各种有效的积极心理干预措施对上述层面进行实验,从而达到利用积极情感、积极人格以及积极机构对抗消极情绪的作用,进而达到提升个体幸福感的目的。

积极心理学视角下的二语习得研究多立足于"扩展建设理论""幸福理论"。扩展建设理论认为,消极情绪如恐惧、愤怒和憎恶等,会导致个体避免直面威胁的狭窄效应,而积极情感有利于拓展我们的思维,因此能提高个体利用各种资源来解决困难的能力。虽然积极情感的体验并不一定长久,但是其对个体的影响却是长久的。积极情感有利于拓展学生看待事物的视角,因此能让学生更积极地吸收语言资源,从而建立解决语言学习问题的资源库。他们还认为,教师可以通过观察并围绕学生的理想二语自我在教学中做出适应性变化,从而激发学生对于理想二语自我的积极情感。同样,教师也应该在语言教学中减少会消解这种积极效果的消极情感,例如,教师可以鼓励学生对未来的自己进行想象,从而达到与消极情感制衡的效果。"幸福理论"可用"PERMA"一词来涵盖其下的五个要素,分别为:积极情感、投入、关系、意义以及成就,该理论认为这五个要素是促进个体积极发展的关键。在二语习得领域,进一步拓展"PERMA"框架,形成二语习得过程中的九要素框架"EMPATHICS",分别代表着情感以及共情、意义与动机、韧性与乐观、能动性与自主、时间观念、忍耐力、智商与情商、性格优势以及自我因素。这一理论框架将更有利于二语习得领域从更全面的角度分析语言学习者幸福感的构成,并为未来积极心理学视角下的二语习得研究带来本土化理论模型。

虽然积极心理学主张聚焦于个体生活中的积极情感因素,但这并不意味着是对消极因素的否认,而是主张拓宽学界对于心理情感因素的认知,并主张通过利用积极因素来协助个体消解负面情绪带来的影响,因此包括心流、希望、勇气、幸福、乐观等因素在内的积极情感同样值得我们关注。有学者对积极心理学的研究视角提出了质疑,认为对情感进行积极与消极的命名具有误导性,因为所有的情绪,即使是不愉快的情绪,都有助于个体对具体情境做出积极反应。例如,压力和焦虑等消极情感能促使人行动,而白信等积极情感会导致人对待任务过于轻浮草率等。实际上,积极心理视角并非主张标签化地认定积极情感一定会产生积极效应。近年来,对积极心理学的发展进行总结,并用"积极心理学2.0"来形容一股将积极情感与消极情感联合起来探讨的研究潮流。这一潮流认识到了积极情感与消极情感作用的复杂性,并提倡更为细致地研究消极与积极情感带来的截然相反的效果,这一类效果被统称为"矛盾心理"。同样,积极心理学视角下的二语习得研究也认识到了这种矛盾情感的存在,并且这类认识也伴随着社会文化理论以及复杂理论在二语习得领域内的逐渐深入而不断受到重视。

四、超学科趋势

跨学科二语习得框架囊括近 15 位学者主导的十个理论,即社会文化理论、语言社会化理论、身份认知理论、复杂理论、基于使用的理论、生物文化视角、生态以及社会认知视角、变异社会语言学、系统功能语言学以及会话分析。这些学者旨在从两个方面为新时代的外语习得及教学研究提供启示。

首先,从个体以及社会情境各个维度综合探查二语习得与教学,从而对二语习得的过程形成一个全面而深刻的理解;其次,利用从复杂的多维度调查中获得的认识,促进新时代不断多语化、科技化、全球化背景下的二语教学,培养具有跨文化、跨社会情境以及终身学习能力的双语及多语者。因此,这一超学科二语习得框架具有问题导向性,主张用任何有效的科学理论以及研究方法来解决二语习得研究的新问题,尤其是应对全球化、多语化以及科技化的不断发展为二语习得研究带来的挑战。

这一框架下的二语习得是多维度交织、不断发展变化的复杂现象,其中个体层面各种变量的动态交互,以及个体在多语世界中的多元经历和复杂情感都发挥着不可忽视的作用。

在微观层面,超学科框架将附加语的学习和使用当作一项社会活动进行分析。在这一活动中,个体从自己的语言资源库中灵活选择及使用语言、语音、图片等各类表意资源,来达到与他人进行交际的目的。这一层次注重探讨个体内部语言资源库的运行及发展机制(认知层面的信息加工模式),但同时又注重将其放在具体的交际情境下进行分析。个体将在交际中反复经历注意、认知及选择各类语言资源的过程,同时反复假设、验证、修正自己的语言资源使用情况,最终形成一种情境敏感性的语言交际能力。在教学过程中,该框架主张教师引导学习者形成对自我语言资源库的意识,并在反复的显性及隐形引导(例如,重复、语调变化、手势等)中,强化学习者对于某一语言资源在特定情境下的规律化使用。只有让学习者在交际活动中,反复、稳定且常态化地使用这类资源,才能让其对"形式—意义"之间的映射发展出更显性的意识,从而将语言经历深化为认知成长,最终将这类资源内化于学习者语言资源库中。而由于文化情境、经济状况等原因而产生的个体经历层面的变异,又会让附加语言学习者的语言资源库更加多样化,因此会形成一个复杂、多变的个体语言认知能力发展轨迹。

在中观层面,超学科框架探讨语言社会活动的社会文化情境,包括该语言社会活动发生的机构(家庭、邻里、学校、工作场所等),以及各种社群(俱乐部、政治党派、线上论坛等)。特定社会文化情境中的各种特征将会显著影响个体的社会身份认知、能动性、语言学习投入以及权力关系,并最终作用于其在该情境下的交际活动。例如,某一地区的社会意识形态将会显著影响其语言教学政策,从而影响当地学校的语言教学,而不同学校又会采用不同的手段达到政策规定的教学目标,学校之间对不同教学法的重视又会导致其对不同语言使用行为的价值认知差异。因此,有的时候某所学校更注重学生主导性的语言学习课堂,而某所学校更主张教师主导,这就导致了个体在不同社会文化情境下语言交际活动的差异。其次,特定的社会文化因素还会影响学习者的社会身份认知。学习者社会身份认知将会深刻影响其语言学习动机和其对于目标语以及目标语文化的态度,而该身份认知又不可避免地受学习者所属或所理想的机构和社群所影响。因此,不同社会文化环境下的学习者呈现的社会身份认知多样且多变。超学科框架主张,在其他因素保持不变的情况下,二语学习者所处的社会文化环境中二语交际情境越多样,发生得越频繁,那么他们就能够获得更多机会发展其表意能力,从而发展出更丰富灵活的多语资源库。

在宏观层面,超学科框架将意识形态结构作为语言社会活动的最高维度。这一维度探讨个体及群体对语言学习及使用的价值观、态度及信念。这类意识形态结构往往以一种隐性的方式存在于特定的社会情境中,潜移默化地影响该社会情境中成员对于不同语言行为的态度以及解读方式。

　　基于对以上三个互相交织层面的讨论,超学科框架主要囊括了十大研究主题,囿于篇幅,简要介绍其中八项。第一,探讨外语学习者的语言能力,需采用一种整体视角探讨语言能力发展的复杂性。第二,语言学习是语言符号资源库的扩充与深化,包括语音、语素、单词、小句以及语篇等在内的语言知识学习最终都会成为该语言符号资源库的内容,同样包括在内的也有副语言知识,例如,话论、语调、重音、节奏、停顿、手势以及面部表情等,而在文本写作中,一些多模态表意能力,例如图画、有声表达和传统的文字表达同样也囊括在内。值得注意的是,虽然语言符号资源库是个体内部的系统,但其发展深受中观层面的社会文化环境经历以及宏观层面的社会意识形态所影响,因此其语言符号资源同时也是社会文化环境中模式化知识的载体。第三,语言学习是情境化的,同时也是受个体语言意识影响的,语言学习是个体在交际中反复注意、认知及选择各类语言资源的过程,同时也是个体频繁地在不同情境中假设、验证、修正自己的语言资源使用情况,最终形成一种情境敏感性的语言交际能力的过程。只有不断引导学习者对不同语言符号资源的显性意识,并深化其对该资源的使用,学生才能真正将其内化为自己语言符号系统内的可用资源。第四,二语学习是受教学以及多模态调节的,教师不仅应引导学习者形成对自我语言资源库的意识,并在反复的显性及隐形引导(例如重复、语调变化、手势等)中,深化学习者对于某一语言资源在特定情境下的规律化使用,还应当结合各种模态,例如电子展示、文本、板书、图画等进行有利的调节。第五,语言学习受个体社会身份认知调节,教师应当充分探索并利用学习者的潜在社会身份认知,促进其对于所处情境中可利用的语言学习资源的认知与使用。第六,语言学习受动机、投入、能动性以及情感调节,这些个体因素同样也与社会文化环境以及社会身份认知相关联。第七,语言学习受读写教学实践调节,尤其是读写教学实践类型的多样化程度、该实践中所运用到的语言资源以及学习者对这类实践的参与方式都会显著影响其二语资源库的发展。这方面的研究在母语情境下探讨得更多,然而对于二语教学情境下的研究仍处于起步阶段。第八,语言学习受语言意识形态调节,深入探究教师、学生、课堂环境、机构以及社会中的语言意识形态如何潜移默化地影响外语学习,有利于我们对二语教学研究形成一个更为全面且宏观的认识。

第三节　国际英语教学理论研究新成果

一、交际教学法

(一)交际教学法理论基础

交际教学法最早盛行于 20 世纪 70 年代,有多种术语提法,如"交际法"和"交际语言教学"。而在众多术语命名的背后,交际教学法所根植的两大理论基础不容忽视:系统功能语法以及发展的交际能力概念。这两大根基同时也是 20 世纪 70 年代二语习得研究以及语言学研究领域重要的理论贡献,其对语言交际功能的重视,与前人"听说教学法"以及"认知教学法"对语言结构以及语法的重视存在显著差别,为交际教学法提供了重要的启发与依据。

首先,系统功能语法在社会文化和交际角度为交际教学法提供了重要的语言学理论依据,并激发了 20 世纪 70 年代欧洲一系列语言教学措施,其中包括"意念—功能大纲"。从语言运用的角度看,语言是一种社会符号,其本身就是一种"意义潜势",且具有三大元功能:人际功能、概念功能以及文本功能。系统功能语言学主张理解语言本身,不能脱离其所处的交际语境,且话语分析不能忽视语言功能的作用。在这一理论的影响下,欧洲一些语言学家开始在二语教学中重视语言的交际功能,"意念—功能大纲"就是这方面的教学尝试之一。与早期结构主义影响下的教学法不同,"意念—功能大纲"主张以语言功能及意义为核心进行教学设计,从语言的交际功能出发设计与编排教学内容。在 20 世纪 70 年代的欧洲,多数语言课程仍以结构大纲指导教学,而"意念—功能大纲"的出现,激发了更多语言教师转变语言教学的侧重方面,语言形式的绝对地位开始逐渐让位于语言意义。总而言之,在交际教学法早期的发展阶段,"意念—功能大纲"发挥了举足轻重的作用,让更多教师在对语言形式的绝对关注下思考语言意义的重要性,为后期众多学者提出的交际教学法提供了重要的实践依据。

其次,交际能力概念是交际教学法的核心教学目标。乔姆斯基于 20 世纪 50 年代末在批判行为主义语言学理论的基础上提出了著名的普遍语法理论,并进行了一系列主张进行脱离语义、专注于形式的语言学研究。在其提出的一系列理论中,他尤其强调了语言能力与语言行为的区别,认为语言能力是人类已经具有的语言本能,语言学习的过程无非是学习各种"参数"来调整丰富自己的语言规则,并最终与内在固有的语言能力一同形成对目标语的习得。因此,在乔姆斯基的理论之下,语言能力与语言行为的区别在于,前者是语言形式的内在表现,而后者则是这些语言形式的表象。而海姆斯在乔姆斯基的语言能力之上进一步提出了交际能力这一概念,在乔姆斯基的定义之上,补充了不同文化、语境下的语言使用能力含义。这一概念包含四个方面的内容,分别为:语法与词汇知识、话语原则(如寒暄)、语言功能(如赞同、建议、争论等)以及个体在具体语言交际情境下恰当运用语言知识的能力。

许多语言学家与二语习得研究者受海姆斯思想的启发,开始关注语言的交际性。这其中,就不乏一些北美语言学者,他们在海姆斯研究的基础上,进一步发展完善了交际能力的内涵。例如,卡纳尔与斯温对交际能力进行了四个层次的划分,分别为:语法能力、语篇能力、社会语言能力以及策略能力。语法能力与乔姆斯基的语言能力概念以及海姆斯的语法词汇知识相同,而语篇能力指个体将零散的语言片段形成一个意义连贯的整体的能力(如篇章),社会语言能力则指对产生交际行为社会环境的理解,包括对交际环境中的人际关系、信息状态以及场合等事物的理解,策略能力则强调个体如何运用其他能力来弥补运用目标语进行表达的能力缺陷。卡纳尔与斯温将一个人语言知识与社会知识的整合视为交际能力的本质体现,进一步拓宽了海姆斯的交际能力概念。巴赫曼则在卡纳尔与斯温的基础上进一步细化交际能力概念,提出了"交际语言能力"这一术语,囊括语言结构、策略能力、心理生理机制、交际语境以及语言能力。语言能力还进一步涵盖组织能力(语法以及语篇组织能力)和语用能力(以言行事能力与社会语言能力)。

交际能力理论的发展与完善启发着越来越多外语教学研究者建立起以交际能力为理论基础的交际教学法。交际教学法具有五项原则:第一,利用目标语进行语言交互活动是语言学习的关键;第二,语言教学中的语言材料必须是真实、地道的目标语文本;第三,教师要引导学生关注语言本身,还要引导其关注语言学习过程;第四,将学习者自身的经历转化为促进课堂学习的重要因素;第五,将课堂语言学习活动与课外真实的语言场景联系起来。这五条原则表明,交际教学法非常注重学习者自身的语言交际需求,并以此来发展其交际语言能力。以交际教学法理念为指导的外语课堂常常会设计各类语言交际活动来促使学习者在同伴或者小组中进行协商交流,以锻炼语言交际能力,培育外语交际自信,同时促使学生更加熟练地掌握语法及发音。因此,与先前教学法不同的是,这种以交际教学法为指导的课堂是以学生为中心的,教师充当的是课堂交互活动的发起者、咨询者以及进程管理者,而非翻译教学法与听说教学法下对课堂教学的绝对掌控者。

可理解性输入假说以及"互动假说"同样在交际教学法的建立与发展中发挥了重要作用,二者同样强调语言交互,主张语言交互过程中产生的可理解性输入与语言输出中对语言的调整和修正促使语言习得。然而,一些学者质疑交际教学法过于关注听说,而忽略了阅读与写作能力的培养,由于受早期听说教学法对听说能力的重视影响,二语阅读与写作研究长期以来多与听说能力分离发展,但交际教学法对于语言交互、语言意义的重视体现在泛读研究中,这一系列研究以"可理解性输入假说"为理论根据,认为在以理解意义为目的进行广泛阅读的过程能够实现更好的语言习得效果。

(二)交际教学法研究新进展

交际教学法的理念已深入影响全球各地英语教学的方方面面,任何注重语言交互与意义的教学似乎都受到了交际教学法潜移默化的影响。随着语言教学后方法时代的到来,二语习得学者们不再追求简单化地为语言教学设立一套放之四海而皆准的教学方法,而是根据一系列宏微观的准则或规律,在特定教学情境下审视各种可用且合适的教学手段,并最终形成适合当前情境的有效教学方法。在这种背景下,交际教学法的理念无形中贯彻了众多新的教学设计,例如内容依托型教学、内容与语言融合学习、任务型教学等。

虽然内容依托型教学、内容与语言融合学习、任务型教学法以及参与式教学法在理论依据、教学目标以及教学内容上与交际教学法存在一定差别,但它们的共性在于都注重语言意义与功能,都以学习者为中心。内容依托型教学是交际教学法的进一步发展,通常以某门学科或某个主题的内容为依托来教授语言,因而是一种隐性的语言教学模式。内容依托型教学以提高目标语语言能力为教学目标,这种教学被称作最典型的交际教学法,因为其关注的是语言意义以及可理解性输入。而内容与语言融合学习与内容依托型教学法类似,都以某门学科为依托,但不同的是前者同时关注课程内容的学习与语言能力提高,且教师多为学科专业教师,并不一定是英语教师。内容与语言融合学习同样关注的是交际过程中语言知识的隐性习得,与内容依托型教学一样建立于"可理解性输入假说"以及社会文化理论。任务型教学法则注重学生自身的语言需求、目标与兴趣,主张通过设立听说读写的交际任务来帮助学生实现语言意义的协调以及自己的需求与目标。这一教学法的假设是,学生在任务中能够实现团队合作,从而获得更多语言互动的机会,以促进二语学习。虽然早期大多数任务型教学法以语言意义协商为重点,但也有学者在任务中注意语言形式。任务型教学法是近几年较为火热的语言教学方法,许多学者将其看作是交际教学法的最新形式。最后,参与式教学法同样也以意义协商为核心,但更多从心理学视角分析如何通过鼓励学生参与课堂语言学习互动并激励其语言学习,因此它也是一种合作式的教学法,渗透着交际教学法的理念。

近十年来,有学者进一步拓展了交际教学法。多思叶立足于心理语言学研究,提出了"规范化交际教学法",并主张交际教学法在新时代背景下仍具有极大的价值。随着传统交际教学法对于语言形式的忽视不断受到学者质疑,交际教学法专家开始重新认识到语言形式在语言习得中的重要性,并在以意义为绝对主导的二语教学中引入更多对于语言形式的注意,这种教学即"形式聚焦"。在这种教学模式中,语言意义的交际仍为核心,但语言形式同时也受到一定的关注。因此,某种意义上说,它也是一种语法教学,是以交际教学法为途径的一种语法教学。教学有四种形式:第一种为基于输入的形式聚焦,这种方法下教师常采用输入流、强化输入以及结构化的输入来增强学生对于特定语言形式的注意与记忆。第二种为显性聚焦,即教师直接或间接地提供目标语言形式的分析或指导。第三种为基于输出的形式聚焦,指教师指导学生在语言输出时使用目标语言形式,从而达到习得的目的。第四种即纠正性反馈,教师通过显性或隐性的语言回复来达到提高学生关注并理解语言错误的目的。在"聚焦形式"的基础之上,进一步结合了心理语言学对于语言流利度、语言自动化以及程式化语言的研究,提出了规范化交际教学法的框架。该框架包含七条准则。

第一,个人意义原则要求交际教学法应当以语言意义为核心,并且对于个体而言应当是有意义的。因此,交际教学法应当继续以学生为中心,围绕学生的需求与兴趣设计语言交际活动或任务。

第二,控制性练习原则要求教师在交际教学课堂内设计控制性练习提高学生对于二语技能的自动化程度(如词汇与语法的识别速度)。这一原则是立足于心理学研究提出的技能习得理论,主张技能和知识的学习由显性认知发展到隐性自动化阶段。因此,在显性认知阶段,有必要设计控制性或开放性练习来促进自动性的形成。

第三,陈述性输入原则要求交际教学法在课堂语言交际活动中利用显性或隐性的形式指导促进学生对于语言形式的关注。

第四,形式聚焦原则要求交际教学课堂在保持以语言意义为核心的同时关注语言的形式及结构,并将语言形式与结构方面的知识与交际的准确性、恰当性等结合起来进行教学,重点是如何在动态的课堂环境中找到形式与意义之间的平衡。

第五,程式化语言原则要求交际教学法包含对于程式化语言的教学,并指出这些惯用表达在现实交际中的重要性。某些特定的程式化表达需要反复训练。

第六,语言接触原则要求交际教学课堂为学生提供广泛的二语输入视听资源,以辅助学生的隐性学习机制。为了达到语言习得的最佳效果,教师有必要设计任务预备活动,例如,在针对某一话题进行写作或展示时鼓励其广泛收集、阅读相关资料。

第七,聚焦型互动原则要求交际教学课堂为学生提供充足的互动机会,互动活动必须以学生的需求或兴趣为导向,是真实的互动活动。为了达到最佳效果,这种互动也必须立足于某一特定的语言形式或语言功能。

最后,正如上文所述,交际教学法逐渐演变为一种教学理念,成为二语教学的潜在共识。前沿二语教学研究也不断吸收新时代二语习得理论的发展成果,不断拓展交际教学法的形式,让该教学理念在得到继承的同时,焕发新的生命力。

二、动态评估

(一)理论基础

动态评估的起源可以追溯到一个世纪前的智力测验。1905年,宾纳－柯西和他的同事出版了世界上第一个测试儿童智力的量表。但他很快意识到,智力测验不仅要着眼于结果,还应评估儿童的认知和学习过程。尽管他当时产生了这个想法,但他从未找到可行的解决方案。智力测验从诞生起就存在突出的问题,因为它只能"静态地"反映出个人发展的结果。帕金翰指出,从教育的角度来看,应将智力视为一种学习能力,而学习过程和学习结果应作为智力测验的一部分。特里斯坦在1924年提出了衡量个人学习能力的重要性这一观点。他将"智力"定义为"学习能力"。许多学者都提出了类似的观点,实际上体现了动态评估的基本思想。真正促进动态评估发展的是维果茨基提出的社会文化理论,它为动态评估提供了理论基础,极大地推动了学习潜能评估的发展。从社会文化理论视角来看,进行评估不再是一个孤立的事件,而是一种社会文化活动。学生在评估中的表现是一种文化共建,这种合作共建行为构成了动态评估。社会文化理论中的中介理论和最近发展区构成了动态评估的核心思想。

维果茨基对实践的贡献贯穿于他工作的方方面面,但其最著名的观点是最近发展区,即学习者独立解决问题能力的实际发展水平与在成人或更有能力的同伴的帮助下达到的潜在发展水平之间的差距。动态评估倡导依据学习者的现有发展水平和潜在发展水平提供有效中介,以最大限度地发展学习者能力。"在二语习得领域,最近发展区理论已经被用于研究师生改错和同伴小组合作学习等教学活动如何促进语言学习"。最近发展区的意义在于,它为诊断学习者的能力提供了框架,并为支持他们的发展提供了干预基础。最近发展区概念提倡评估和教学之间存在辩证关系,二者并存。动态评估侧重于个人可以达到一定水平所需的最小帮助量,以发展他们独立开展任务的能力。通过在评估过程中嵌入教学指导,教师可以更准确地评估个人的未来发展潜力。

动态评估的重要特征是关注学习者潜在能力发展,与其他评估方法的不同之处在于,教师(同伴或计算机)通过提示、暗示或引导性问题等对学生的任务表现提供中介协助,这对于理解学生的能力以及在评估过程中促进其发展至关重要。动态评估更多侧重于学生的进步,而不是分配分数或等级。在动态评估中,教师和学习者之间建立了一种双向互动关系,双方都可以提出问题,这有利于体现学习者在学习中的能动性,也为教师为学习者提供他们最需要的辅助提供了基础。

(二)动态评估研究进展

1.动态评估与学习者互惠

学习者互惠是指学习者对中介活动的贡献。在外语教学领域中开展动态评估的最终目的是促进学生语言能力的发展,其方法是运用维果茨基社会文化理论的微变化分析法对中介者和评估主体之间互动语言相关片段进行主题提取,并通过呈现互动片段来展现学生在动态评估过程中的变化和发展。在学习者互惠性的微变化分析法中揭示了几种形式的往复行为,并将其解释为发展的重要指标。这种解释是建立在特定互动基础上的。这样的研究可能会积累有关二语动态评估中互惠性的知识,以探究不同水平的二语学习者在不同类型任务中的具体回应,去发掘他们的认知状况。

在动态评估中,学习者行为的重要性早已得到认可。模仿是学习者互惠的另一种形式,与模仿动物或复制模型不同,维果茨基使用"模仿"一词指的是学习者对模型的重构,以适应未来的表现。在对第二语言听力理解的动态评估的研究中,分析学习者对中介的反应能力,聚焦"模仿"对语言发展的影响。她还发现了一些学习者模仿中介人的例子:学习者尝试模仿的做法打开了一个合作空间,通过该空间,学习者和中介人讨论了单词的含义。在随后的互动中,学习者能够独立使用该单词。

人工中介以及对话互动中介可能是教育活动中指导学习者发展的最优方法——了解为什么特定学习者对于中介会做出选择反应,需要考虑学习者的背景和学习情况。考察面对面和计算机动态评估对伊朗英语学习者处理主要发展性错误的作用,研究结果揭示了动态评估在指导学习者努力克服学术写作发展错误方面的潜力。研究动态评估中介对新的和更具挑战性的语境中写作表现的短期和长期影响。此外,他们还探讨了学习者对于在线同步动态评估对学术写作技能影响的看法。研究利用英语学习者在线同步动态评估中的学术写作技能进行了中介,揭示了学习者学术写作技能发展过程中存在的中介动作(隐性和显性中介的顺序)和互惠模式(学习者对中介的反应)。

2.动态评估与学习者能动性

动态评估是现有的二语课程的一部分以及对学习者能力的一次性评估。研究人员已经设计了基于概念的教学程序,通常将其归类为系统理论教学,以便为

学习者提供 种连贯的,基于含义的语言表达方式。系统理论教学的倡导者主张语言概念是一种更准确的语言表达方式,它使学习者能够解释和传达超出特定使用语境之外的含义。通过这种方式,学习者可以将抽象概念当作一种符号工具,通过它们中介目标语言的功能。

鉴于此类研究的重点是学习者对语言概念知识的内化,因此动态评估的作用在于阐明学习者对二语的理解以及对新兴概念理解和使用的程度。探索中介以下内容的重要性:学习者的能力感受(他们具有相关知识以及他们有能力取得成功);学习者中介和对行为的控制,这意味着避免冲动猜测,而倾向于使用可用的中介来通过问题进行推理以及分享行为。这些中介目标不仅对参与动态评估和中介发展至关重要,而且可能扩展到自我中介的功能。通过词汇推理探讨小组动态评估对词汇学习的影响,并与词汇增强练习进行比较。研究结果表明小组动态评估在词汇推理学习中与词汇练习一样有效,小组动态评估和词汇练习相结合更有利于通过词汇推理学习词汇。调查初学者和高级英语学习者在口语技能方面的差异。参与者叙述一组图片故事,在叙述的同时,他们接受基于他们的最近发展区的中介。研究人员利用微观遗传学、主题分析和私人演讲来确定参与者认知发展和自我中介能力的任何可能的变化。研究结果显示,参与者的认知能力和自我中介能力都有了显著的提高。此外,非结构化访谈的主题分析结果显示了他们对动态评估的满意度。

聚焦于英语时态系统的二语教育程序,在其研究中,二语英语中学习者的课程遵循维果茨基基于概念的方法,而不是语言教科书中常见的传统语法规则表示法。其研究的一个重要特征是,中介人有意探索学习者的能力感受和对冲动的控制,以便采取计划更周密的行动,并进行反思。中介人在共同审查学习者写作的同时,提出的主要问题和建议经常引导学习者摆脱猜测,而转向制订计划以描绘过去的情况,然后评估他们的语言选择是否符合他们的预期含义。他进一步记录了中介人如何始终如一地努力引导学习者扮演领导互动的角色,从而增强了学习者的自信心和对自己作为英语合法使用者的认知。这种中介方式不仅帮助学习者获得重要的语言知识,而且获得了有意义的语言使用经验,提高了他们语言学习的能动性。

3. 动态评估和儿童二语学习

动态评估与其他评估方法不同,因为它包括评估过程中的一系列中介,这对于了解儿童的能力和促进早期基础教育的发展至关重要。它可以采用以游戏为基础的方法。研究已经发现动态评估比标准评估方法更能准确地反映儿童的学习潜力,动态评估记录儿童在学习过程中使用的策略,可以帮助确定儿童的语言差异和语言障碍。更重要的是为英语语言儿童学习者建立最佳评估实践,尤其是用来识别儿童是否具有基于语言的残疾。例如,教育工作者经常使用静态标准参考词汇评估的结果来帮助诊断学龄儿童的语言障碍。然而研究表明这些词汇评估可能会产生不准确、有偏见的结果,特别是评估对象是面对文化和语言多样化的儿童。动态评估推理词汇学习可能是准确识别不同语言障碍儿童的一种有效方法,能更准确地识别双语儿童的语言障碍。研究表明,英语语言学习者在展示出对新概念的正确理解之前,通常需要额外地接触内容信息。但是,如果孩子有残障,重要的是及早发现,能够采取适当措施进行有效干预。动态评估可以帮助识别因残疾而导致的表现差异,而非由于缺乏经验而产生的表现差异。总体研究结果表明,语言障碍儿童不及具有典型发展水平的同龄人,一致地证明了有语言障碍和无语言障碍的儿童具有良好的分类准确性。这些观察结果可以并且应该用于确定以英语为第二语言的孩子的特殊教育。这样的程序可以帮助减少评估偏见,并且可以帮助更及时地识别英语语言学习者的语言残疾障碍。

第四节　国内英语教学理论研究新成果

一、英语教学多模态研究

(一)课堂教学多模态设计与模态协同

模态是"人类通过感官(如视觉、听觉等)跟外部环境(如人、机器、物件、动物等)之间的互动方式。用单个感官进行互动的叫单模态,用两个的叫双模态,三个或以上的叫多模态"。多模态话语是指"运用听觉、视觉、触觉等多种感觉,通过语言、图像、声音、动作等多种手段和符号资源进行交际的现象"。系统功能语言学是多模态话语研究的理论基础,系统功能语言学认为语言是一种符号,多模态话语研究在此基础上认为除语言外的其他符号系统也是意义的源泉,具有意义潜势和多功能性,即概念功能、人际功能和语篇功能。张德禄在系统功能语言学现有框架的基础上构建了一个包含文化层面、语境层面、内容层面、表达层面的多模态话语分析综合框架。国外学界不乏把多模态应用到外语教学的先驱代表。如 Stein 提出多模态教学法，他认为学生在房间里默默读一部戏剧和作为表演者参与到这个戏剧中所产生的效果是截然不同的。教师应意识到语言的局限性，充分利用学习环境的各类模态特征开展教学和评估。罗伊斯探究多模态课文中图像与言语的协同作用，并提出将多模态应用到听说读写和词汇教学中的实操性建议。

1. 课堂教学多模态设计

多模态教学主张利用多种模态、渠道、手段调动学习者的多种感官协同运作参与到语言学习的意义建构中。为了实现这一目标，需要对课堂教学进行多模态设计。在多模态话语领域，设计指"有意识选择模态和模式来表现现实的过程，是制造语和识读语篇的过程，是利用可资利用的资源进行社会交际的过程"。从外语课堂教学的角度讲，设计的最终宏观目标是发展学生的意义潜势，即提升学生的语言能力。在宏观目标的基础上，再确定局部目标和具体目标，最后选择合适的教学用的模态或模态组合。例如，课堂教学中可使用的模态资源有口语、黑板板书、面部表情、身势动作、座椅安排、PPT 演示、投影仪、网络等。教师根据实际教学需求，对重点模态精心设计，如口头表达内容、板书内容和布局、PPT 呈现等，而对非重点模态，如手势动作做到胸中有数。有效的教学设计受制于语境因素，也就是外语教学中的教学内容、师生特点和教学条件。其中教学内容是制约模态设计的主要因素，也是教学设计要实现的主要目标。师生的情况和彼此的关系也决定了模态的选择和调用，这包括教师的性格、经验、教学理念、能力水平，学生的个性特点、学习态度、知识和能力结构以及两者之间的互动关系。教学条件的考量涉及教室内的空间布局摆设，可供利用的仪器设备和整个大环境下的教育政策和教学理念。张德禄提出了五个外语教学设计依赖的教学理念：①教材权威性，把教材看作知识的权威来源进行教学。②知识获取性，把教学看作帮助学生理解知识的一个过程。③技能训练型，把教学看作帮助学生掌握技能的一种程序。④经历体验型，把教学看作让学生参与实践的一个体验。⑤资源发展型，把教学看作帮助学生发展表意资源的一种手段。教师依据各自的教学理念进一步确定每个阶段的教学目标，并选择合适的教学方法，根据教学方法再选择合适的模态。在选择模态时,可以从三个角度进行:①使其作为工具,为外语教学提供教学情景和便利条件,提高教学效率。②使其作为助手,为外语教学提供辅助条件,提高教学效率。③使其作为补充,为多模态话语交际提供多通道话语意义表达方式。与此同时还应遵循三个原则:有效原则、适配原则和经济原则。所谓有效原则,是指模态的选择应以最佳教学效果的呈现为前提。适配原则强调在多种模态配合使用时,选择标准是能获得最佳搭配。经济原则表示模态的选择越简单越好,不要为模态而模态。这些原则的指导为教师在选择模态时提供了理性的参考标准,使教师免于凭直觉随意使用模态。

2.课堂教学模态协同

张德禄认为当一种模态无法充分表达意义,需要借助另一种模态来补充时,两种模态之间的这种关系称为互补关系。在互补关系中,还涉及强化关系和非强化关系。强化关系指一种模态是主要的或默认的交际形式,另一种进行辅助而起强化作用的模态,具体包括突出、主次和扩充三种形式。非强化关系则是两种模态缺一不可,互为补充。主要有协调、联合和交叉三种形式。非互补关系表示其中一个模态对另一个模态的意义表达没有起很大作用,但依然存在。这种关系一般有交叠、内包和语境交互三种形式。基于以上分析,当我们把研究置于外语课堂教学这一语境中,可知外语课堂教学具有很强的多模态性,除了语言这一重要模态外,还包括空间布局、身势、PPT多媒体课件、网络远程教学等模态的综合运用。尽管在绝大多数的实际教学过程中,语言的主导地位不可撼动,其他模态亦在不同程度上起互补、强化等作用,形成多模态良性协同互动,共同构建意义。

张德禄和王璐通过对选取两个参加教学比赛的课堂教学案例进行描述和比较,探讨了我国英语课堂实际教学中的各种模态间的协同关系。对两个案例中体现的模态协同进行研究后,对教师的课堂教学提出了一些建议:从听觉模态来讲,教师的话语占了主导地位,这意味教师一定要保障高质量的口头话语;教师要充分利用教学环境、教学工具和各模态之间的协同、强化、互补,提高教学效率;教师要注重营造轻松愉快的课堂氛围,加强与学生的亲切互动,利用人际意义提高学生概念意义的获取;教师要转变角色,把以教师为中心的课堂转变为以学生为中心,创造更多让学生实践的机会。

张德禄和丁肇芬认为在选择模态时,还要充分考虑该模态的供用特征,是否选择这个模态比其他模态更合适。而在搭配模态时,要使各模态的供用特征互相补充、强化、协同,实现最佳组合。课堂教学多模态设计要求教师使用多种模态(如语言、动作、图像、视频等)辅助教学。一般来说,模态越多,人获得的信息和感受就越丰富。如文字和图片结合可以促进理解、加强记忆。但值得注意的是,多模态学习也是一把双刃剑,模态选的好,搭配得当,则可以事半功倍,而如果处理不好,不经思考堆叠模态,反而会分散学习者注意力,干扰学习逻辑或形成认知的负荷,导致瞬间"热闹"而事后"空空"之感。这需要教师在课堂实践中,不断积累经验,反思总结,创建有利于学生语言学习的多模态协同环境。同时,研究者们还需就多种模态如何在形式和意义层面相互协同和配合上做更多理论和实践上的探索,进一步厘清模态间的关系,找到评价标准和发展路径。

(二)多元识读能力培养

1. 多元识读能力由来及定义

多元识读概念最早由十位专业学者组成的新伦敦小组提出。新伦敦小组认为当今世界交流渠道的多样性和语言文化的日益多样化要求我们不能只是沿用传统的以语言为主的读写能力教学,而应将包含更多符号语言的多元识读能力的培养提上议程。所谓多元识读能力教学,关注的是比语言更广泛的表现形式。传统意义上的识读能力关注的是语言读写能力的培养,其他模态处于边缘地位甚至鲜有出现,如课堂上以教师为中心,实行灌输式教学,学生为知识的被动接受者。而随着大众传媒、多媒体、电子超媒体的发展,意义建构的重要模态已经日趋多元化及整合化,除了传统的语言外,还有视觉、听觉、姿态、行为等模态,这使单一的语言识读能力无法满足需求。胡壮麟认为多元识读能力应包含两个方面:一是指多元(文化)识读能力,即针对日趋全球化的社会,学生对语言文化多元性应有的包容和理解;二是强调多元(技术)识读能力,或者称为多模态识读能力,即信息科技多媒体的迅速发展使得意义表达多模态化成为一种常态,具备阅读各类媒体和模态信息,并能产生相应材料的能力。葛俊丽、罗晓燕将多元识读能力概括为"学习者基于自己以往的知识和经历,创造性地运用信息通信技术,通过语言、视觉、听觉等多模态形式批判性地识读和理解多媒介提供信息的能力"。

胡壮麟在整合国外学者研究的基础上,提出多元识读能力涵盖以下九大层次:①参与者能够在信息环境中适当地工作,解决网络环境下出现的常见问题。②参与者能够通过使用信息技术检索所寻找的材料,完成与信息技术有关的各项任务,利用技术工具进行阅读和写作各种信息的共生形式(如打印物、图片、照片、录像、音响效果、音乐等),因为这些模态都是在计算机屏幕上用数字方法表达的,而不是传统的纸张。③参与者能够批判性地或战略性地管理和汇总来自各种数字网络材料库的知识。④参与者有责任心、受人尊敬、思想开放,能在电子世界中发挥作用,因而能很快并智慧地适应新环境下产生的各种社会问题。⑤为特定问题而成立的灵活的在线队伍,能利用他们的专业技术互相协作。⑥对一个话题能表达综合的知识,采用技术工具,信息性的和劝诱的方法。⑦参与者能够对所处社会中信息技术环境(硬件、软件、教育等)如何起重要作用发表自己的意见。⑧多模态识读能力包括"非语篇写作",如新的学习方法,学习者能掌握生产技术,不同的技术形式可成为学习过程的工具。⑨参与者不仅能识读语篇信息,也有能力解释符号和图像,利用多媒体和其他技术工具如互联网,所有这些使我们能构建意义、学习和与他人互动。胡壮麟通过归纳多元识读能力的九大层次,进一步细化了该能力所包含的要求:传统读写能力、信息技术能力、批判性思维能力、综合素质、个性品质、团队协作能力等。

2. 多元识读能力教学理论框架

在探讨多元识读能力的培养时,强调"设计"这一核心概念,设计由六大类意义模态构成:语言、视觉、听觉、手势、空间和多模态。其中多模态最重要,因其将前五者统合起来。从教学的角度,设计学习把设计理论分成了三要素:已有设计、设计过程和再设计。已有设计除了包括如语言、电影、照片、姿态等符号系统的"语法"外,还包括话语秩序和篇际语境。设计过程不是对已有资源的简单复制,而是对已有设计的改造,带有个人构建意义的独特性,是对旧材料的新使用。如果我们把一个阅读者阅读的一段话看作已有资源设计的话,那么该阅读者通过自己的兴趣和个人经历去解读这段话,进行意义构建,即设计过程;这样获得的对这段话的理解又转变为再设计。因此,再设计是设计过程产生的新意义,意义建构者再创的产物,它体现了人类的主观能动性。至此,再设计又循环成为一个新的已有设计。通过这三个元素,新伦敦小组试图强调设计构建意义是一个积极动态的过程,而非被静态规则所支配。

3. 多元识读能力教学模式

多元识读能力教学模式包括四个要素:实景实践、明确指导、批评框定和转化实践。

(1)实景实践。假设我们把场景设置在一堂英语课上,那么实景实践就是把学习者分成几个小组来展开真实性的具有沉浸式体验的实践活动,老师在分组时应尽量确保每个小组成员中都有能力较强的同学可以提供指导。教师在设计此类活动时应考虑所有学习者的身份、情感和社会文化需求,也就是说,这类教学活动要能激发学生的学习兴趣,让他们觉得和自己的真实生活有关。同时创建一个让学习者敢于"冒险"的安全的学习环境,学生不会觉得怕丢脸而不敢尝试。教师在此过程中的评价不是去给每个学习者打分,而是提供切实的帮助和指导。

(2)明确指导。明确指导并非我们传统观念里的教师进行满堂灌,学生进行机械的操练和记忆。事实上,它指的是教师针对学习者的具体特征和学习情况提供积极干预,为学生习得新知识搭上脚手架,提供明确的指导。这样一来,学生就可以利用已有的知识和经验,再借助于老师的指导,达成他们自己无法独立完成的学习目标。在此过程中,学生应该有意识地关注教师在指导他们的过程中所使用的各类模态表征和阐述方式,并对自己所学之物之于整个系统内的关系有清醒的认识和把控。同时,教师要引导学生发展元语言,即描述实践话语形式、内容和功能的反思性概括话语。

(3)批评框定。批评框定的目标是帮助学习者将他们在实景实践中不断提高的能力和从明确指导中获得的有意识的控制和理解能力与特定的知识体系和社会实践的历史、社会、文化、政治、意识形态和价值观联系起来。教师此时所起的关键作用是让学习者对他们已经掌握的知识再次感到"陌生化",引导他们有意识地抽离出对熟悉知识的惯性思维,批判性地用新的眼光或放置在更广泛的语境里审视这些知识,创造性地加以扩展和应用,并最终进行自主创新。这为接下来的转化实践奠定了基础。

(4)转化实践。转化实践是教师创造机会让学习者把他们在前面三个过程中所学的知识运用到新的语境下进行意义建构,并进行反思和修正。这四个要素并非线性的层级结构或是依次的顺序关系,他们以复杂的关系相互作用,这些要素可能同时出现,也可能其中一个在某一阶段占主导地位。

二、英语自主学习研究

(一)自主学习概念及其发展

"学习者自主"其定义为"对自己的学习负责的能力",这种能力包括确定学习目标和内容、选择学习方法、自我监控和自我评价学习结果等。

早期的自主学习主要是指在自主学习中心的自我指导性学习,针对那些没有时间或机会参加学校课堂学习的成年人,即通过给学习者提供自主学习环境,训练及培养他们的学习自主性。这就是早期自主学习概念产生的背景,语言学习者对自己的学习负责,没有老师的指导或不参与其他正式的课程。这一阶段的自主学习概念大多与"独立学习""个性化"和"个人主义"等概念密切关联。自主性被定义为个体学习者的能力,是学习者的个体属性。但这一阶段的自主学习定义逐渐显露出其局限性,而且自主学习中心的设备因不能完全被利用而面临很多问题。虽然自主学习中心的学习得到越来越多的推广,但自我指导性学习和自主性发展之间没有必然联系,在某些条件下,自我指导学习方式甚至可能抑制学习者的自主性发展。

在继续以自主学习中心语言学习为研究焦点的同时,语言自主学习开始越来越多地被应用于课堂,掀起了自主学习研究的新一波热潮,同时也推进了相关理论尤其是自主学习概念的深入发展。20 世纪 90 年代中后期,自主学习概念得到了进一步拓展。学者们开始意识到自主是一个有程度区别的概念,不是一个"完全自主或完全不自主"的概念。

强调自主学习的社会性特征是自主学习概念进一步深化的另一体现。自主学习不仅依赖于个体,而且更依赖于群体,学习者只有通过与他人合作才能更好地获得自主学习能力。"批判性地充分参与社会互动的能力"是自主学习的核心。随着研究的深入,人们逐渐认识到自主学习不代表独立学习,相互依赖与合作是培养自主学习能力的重要因素。

近年来,随着互联网和移动通信技术的快速发展,自主学习能力的内涵又有所拓展,有了新的维度,即网络或信息素养,具体包含网络信息的获取能力、网络信息的辨识能力和分析能力、网络信息的批判性解读能力、网络信息的产出能力、网络学习能力、网络交际和合作能力、自我管理能力等。

综上所述,自主学习的内涵是随着时代的发展而不断变化、不断拓展的。从强调自主学习的外部环境到注重学习者的内在心理,从强调个体的独立学习到注重与他人的合作学习,从关注课堂环境下的自主学习能力拓展到网络环境下的信息素养能力。

(二)学生自主学习能力界定及其培养

1.自我规划能力

自我规划能力主要体现在学习目标、学习计划和学习内容三个方面。首先要明确学习目标,学习目标是学生学习的努力方向,正确的学习目标能催人奋进,从而产生为实现这一目标去奋斗的力量。学习目标又可分为大目标和小目标,学生要具备如何将大目标转化为一个个可执行的小目标的能力。否则目标过大,根本无法实现,会让学生失去自信,对学习产生消极影响。凡事预则立,不预则废。因此,明确目标之后,要制订相应的学习计划,如长远计划(对应大目标)和阶段性计划(对应小目标)。按计划来学习就能做到合理安排时间,恰当分配精力,最终实现自己的目标。由于学习过程的动态性和复杂性特点,学生在实施计划过程中能根据实际情况随时调整学习计划。

学习内容也是自我规划很重要的组成部分。科学规划学习内容需要学生处理好两对关系:第一对要处理好学校规定的课程内容与自主选择的内容、线上内容与线下内容之间的关系。一方面,学习不能仅局限于教师课堂讲授的知识,学生更要充分发挥主观能动性,选择有利于自己目标实现或自己感兴趣的内容,向广博而又纵深方向发展;另一方面,如何做到线上内容与线下内容有机衔接、互为补充也是学生需要具备的重要能力。第二对要处理好语言知识、学科内容知识以及交叉学科知识之间的关系。受传统教育体制影响,当前学生普遍存在知识面偏窄、思辨能力较弱、综合素质水平不高等问题。根据《普通高等学校本科专业类教学质量国家标准》(教育部高等学校教学指导委员会)对学生的要求,学生应掌握外国语言知识、外国文学知识、区域与国别知识,熟悉中国语言文化知识,了解相关专业知识以及人文社会科学与自然科学基础知识,形成跨学科知识结构,体现专业特色。如何自我规划好这些学习内容显得尤为重要。

2. 自我情绪管理能力

情绪是影响外语学习至关重要的因素,但长期以来外语教育研究倾向于关注学习的认知层面,很大程度上忽略了情绪层面。情绪是人对外界客观事物是否符合自己的需要而产生的态度体验及外在表现形式,它具有两面性,既有积极的一面,也有消极的一面。早期有关情绪的研究主要注重焦虑等消极情绪,而愉悦、兴趣、满足等积极情绪未受到重视。近年来,随着积极心理学在二语习得领域的蓬勃发展,外语学习中的情绪研究出现了"积极转向"。学者们普遍认同,积极情绪有助于提升学习者关注新事物的能力,促使其吸收更多的语言输入信息,有利于扩展思维、开阔视野、激发行动,使外语学习过程更轻松、有效。

外语学习是一个长期的、充满很多未知的过程,也是一个充满困难与挑战的过程,伴随着这一过程,学习者会产生各种情绪,包括积极情绪和消极情绪。情绪管理是一种对自我情绪的认知、监控和驱动的能力,具有自我情绪管理能力的学生能够正确管理自己的不良情绪。具体来讲,学习者在学习过程中能主动克服不利于外语学习的情感因素(如自卑、压抑、害羞等),面对压力时能依然保持或产生幸福感和兴趣感的能力或快速释放压力的能力,以及在遇到挫折或失败时能及时调整和自我激励的能力。例如,当产生消极情绪时,具备自我情绪管理能力的学生会尽可能利用积极情绪的力量来降低消极情绪带来的负面影响,避免对外语学习造成干扰。自我情绪管理能力会增强学习者的愉悦感,而愉悦不仅能为外语学习者营造舒心的学习空间,而且能促使学习者更加专注于学习,从而更好地吸收和内化所学知识,达到事半功倍的效果。

另外,新时代的外语教育要服务于国家中长期发展的战略需求,因此,学生在学习和掌握外语知识和技能的同时,还要培养自己构建人类命运共同体所需要的情感、态度和价值观,与来自不同文化背景的人进行开放、恰当、有效的人文交流与合作。

3. 自我探索有效学习策略能力

学习策略是学习者将第二语言或外语的规则进行内化的主要手段,外语学习策略的目的之一就是促进学生的自主性。因此,一方面,学习策略本身就是自主学习概念的重要组成部分;另一方面,学习策略的使用通常被认为是学生自主学习能力强弱的重要标志,且掌握并有效使用学习策略是自主学习能力形成的关键。但学习策略使用的有效性会受到学习者个体差异的影响,适合这一类型学习者的策略也许并不适用于另一类学习者。因此,学习者需要通过不断探索,寻找适合自己的学习策略。

自我探索有效学习策略的能力具体包括自主选择学习策略、自我监控和评估策略使用等方面的能力。自主选择学习策略必须基于两个前提:首先,要了解具体有哪些学习策略,例如,记忆策略就有联想、利用图像和声音、有计划的复习等,交际策略涵盖主动与他人合作学习,把自己感兴趣的话题拿到班上或寝室与同学一起讨论并发表自己对话题的看法等;其次,要了解成功外语学习者或高水平外语学习者通常使用的策略。基于这些了解,学生就可以根据自身情况从中选择适合自己的学习策略。但由于学习过程的复杂性和动态性,学习策略的使用效果会受到很多因素的影响,这就需要学生加强对自己策略使用的动态监控和评估。通过自我评估策略使用情况,保留有效学习策略,针对那些不适合自己或者没有产生预期效果的学习策略,则需要及时换用其他更适合的策略。

学习策略的使用实际上是一个不断自我探索、自我实践的过程。这一探索与实践的过程需要学生能够及时分析任务完成、策略实施及效果评价的情况,不仅能总结出是哪些策略的使用促进了自己的学习,还能总结出是什么促使自己采取了恰当有效的策略,从而多方面地不断进行自我调节,直至寻找到一套相对稳定的、适合自己的有效学习策略。而且学习策略能力强的学生在面对复杂任务或复杂学习情境时能自主融合不同策略,以实现学习效果的最大化。这种策略使用的灵活性和语境化正是主外语学习者必须具备的核心能力和素质。

4. 多元互动学习能力

在外语环境下,互动为学习者提供了重要的语言使用渠道,增加了学习者尝试使用语言和修正语言的机会。互动不仅对外语能力的发展起促进作用,而且对发展自主学习能力来说也至关重要。随着网络技术的不断发展,外语学习者的互动渠道逐渐多样化,他们的学习生态环境也发生了改变,出现了师生(教师与学生)、生生(学生与学生)以及人机(学生与计算机或网络)多元互动共存的新生态,这三种互动方式相互关联、相互作用,而非彼此孤立。身处这样的多元互动生态环境下,学习者必须具备多元互动学习能力。具体来讲,学习者能积极主动地参与师生互动、生生互动及人机互动,并通过发挥自己的主观能动性,实现师生、生生以及人机互动之间的优势互补,即学生能从多元互动情境中最大限度地获取各种养分以发展外语能力,以及用外语进行交际和互动沟通的能力。

学习者的互动策略能力和信息素养是多元互动学习能力的关键。无论是师生互动还是生生互动,学习者都要学会使用各种互动策略。例如,当互动出现交际障碍时,通过理解核查(说话人询问对方是否理解自己的话语)、澄清请求(听话人请求说话人澄清或重新表述刚说过的话语)、确认核查(听话人查证自己是否正确理解对方的话语)等方式进行意义协商。而在人机互动中,学习者也要基于评估和判断决定采取何种策略加工计算机或网络反馈更有效。

多元互动学习能力实际上是一种自主创造外语使用和外语学习机会的能力,尤其是在信息化时代背景下,网络学习已成为外语学习的重要组成部分。能否充分发挥网络互动对外语学习的促进作用取决于学生是否具备了自主通过论坛、博客、维基、社交网站、网上学习管理系统等各类信息技术平台开展互动的能力。

(三)外语类专业学生自主学习能力的培养

1. 培养自主学习意识

学生自主学习意识的培养是发展自主学习能力的前提。一方面,不管是通识教育课程、专业核心课程,还是培养方向课程,甚至在实践教学环节,都应该把自主学习能力作为其核心培养目标,并且在每门课程的介绍中明确列出。例如,将自主学习能力培养融入英语专业核心课程"跨文化交际",课程目标的规定就应该类似于:①语言能力。②跨文化能力。③自主学习能力。而且课程所用教材涵盖的内容也要从这几个方面制定目标。当自主学习能力的培养被融入每一门课程、每一堂课时,伴随着课程学习的进展,学生就会渐渐形成自主学习意识且自主学习意识得到进一步强化。另一方面,学校也可以通过开设专门的"自主学习策略"课程来培养学生自主学习意识,帮助他们树立自主学习信念。这门课程可以作为短期强化课程安排在学生刚进大学的前几个星期,采用"展示、示范、训练、评估、拓展"的模式系统介绍自主学习能力的内涵及相应的自主学习策略。课程的内容安排一定要以了解学生自主学习意识现状为前提,以便有针对性地加强对学生意识薄弱方面的训练,提高教学效率。例如,针对学生没有真正了解自主学习内涵这一现状,我们就应该向学生详细介绍自主学习能力涵盖了自我规划能力、自我情绪管理能力、自我探索有效学习策略能力、多元互动学习能力等方面。不管采取哪种课程设置方式,自主学习意识的培养应该是全方位、多视角的。

2.创造行动和实践的机会

学生有了自主学习意识,教师就应该及时提供机会让学生自己行动起来去探索、去实践。鉴于动机是诱发、推动和维持个人学习活动的内在力量和决定性因素,教师可以从学生的喜好入手,通过观察了解学生的喜好并有意识地将其纳入课堂活动。例如,如果学生对一款新的网络游戏特别感兴趣,老师可以鼓励学生对游戏和游戏开发者进行研究,然后编写一个维基百科词条。这样具有真实性和相关性的任务有利于激发学生的内在动机。在学习动机驱动下,学生不仅会利用好老师给他们创造的自主学习机会,还会自我创造机会去实践各种学习策略,通过"实践—反思—再实践—再反思"逐渐找到并形成适合自己的学习策略。教师还可以鼓励学生养成撰写学习日志的习惯,重点总结和反思成功使用的学习策略情况,由此提高学生的自我效能感和满意度,增强学生的学习动机。

自主学习能力还意味着学生能够适应不同的学习环境,适应环境的能力也是在学生的行动和实践过程中形成的。例如,自主学习中心和在线或网络学习环境与课堂学习环境有很大不同,课堂面对面的师生互动和生生互动也有别于网络互动或人机互动。学生只有积极主动地投入各种环境下的学习或互动,才能培养出根据语境灵活转换学习或互动方式的能力,即多元互动学习能力。

自我情绪管理能力的培养同样离不开学生的亲自体验与实践。教师可以给学生布置具有挑战性的任务,在学生感受压力的情绪体验下引导他们如何避免焦虑,变压力为动力,以产生更好的学习效果;还可以设置一些真实的困难情景让学生亲自去体验去经历,从而培养学生应对困难的勇气等积极品质,最终形成良好的心理或行为模式,产生积极效果。总之,自主学习能力的形成需要学生在老师引导下进行不懈努力。

3.提供能力展示的平台

自主学习能力的形成并非一蹴而就,它具有渐进性、长期性和动态性等特点。因此,除了强化学生的自主学习意识和鼓励他们的自主学习行为外,还需要保持他们的自主学习动力。给学生提供能力展示的平台不仅有利于增强学生自主学习的信心和动机,还给大家提供相互学习的机会,取长补短。能力展示可以体现在两个层面。第一,自主完成任务的成果展示。需要说明的是,根据多元智能理论,每个学生拥有不同的智力,各有所长。因此老师在给学生布置任务时,要给他们选择不同类型任务的自由,对学习成果的评价也要体现个性化差异,以便每个学生都能最大限度地发挥自己的潜力。第二,自主学习能力动态发展的展示。教师一方面要善于发现学生的阶段性进步或成功,另一方面要鼓励学生自我反思在自主学习能力不同维度上的发展变化过程,并及时创造机会让学生显性地展示他们能力发展的过程。例如,当之前严重依赖老师为自己设定学习目标的学生能够独立规划自己的学习目标时,教师要及时加以肯定和鼓励,并以小组或全班的形式让学生分享取得进步或成功的经验,使学生从分享中体验成功带来的喜悦和成就感,从而产生持久的自主学习动力。这些能力展示活动不仅为学生创造了真实的交际语境,而且为他们提供了用目标语交流的机会。更重要的是,这些成功的经验都来自学生的同伴,身边的榜样,更易于他们学习,可谓一举多得。

第二章

媒体融合视角下的英语教学

第一节　媒体融合视角下的英语课程管理策略

一、英语课程管理的内容与实践

(一)英语课程管理的内容概述

英语课程管理由三大板块组成:一是针对课程生成系统实施的管理,这个系统所要探究的,是如何更好地将教育思想、理念及理论融入总体的教学方案中,制定更加科学的教学目标,筛选更加合理的教学内容;二是针对课程实施系统实施的管理,这个系统研究的是如何帮助教师将知识更有效地传输给学生,把传授的内容真正变成学生自己的知识与技能;三是针对课程评价系统实施的管理,这是系统的最终目标,也是为了保证授课的质量和效率。英语是一门相对独立的课程,而它已经形成了自己特殊的体系,每个学校的实际情况各不相同,因此管理的模式也存在着差异。过去我国英语课程管理,对以下几个方面较为重视。

1. 制定教学文件

教学文件是课程建设的指导性文件,它包含各门课程(含英语在内)的教学大纲、课程大纲、课程描述、教学安排、教学进度表、考试大纲等。这些文件中,最重要的是教学大纲和课程大纲。教学大纲是学校教学的总领性文件,指导本校人才培养方向。每门课程的教学大纲可从以下方面对该课程进行描述:教学对象、教学目的、教学要求、先修课程、教学安排、教学环境、评价形式、教材和参考书、教学中应注意的问题。课程大纲是严格按照教学规律制定的一门课程的指导性文件。它是教材编写或选用、组织实施教学、课程评价、教学过程检查的主要依据。英语课程大纲的制定应该是国家语言政策和语言教育政策以及社会和个人对英语教学需求分析结果的产物，且涉及相关学科领域，尤其是外语教学理论研究、心理学和教育学等领域的最新研究成果。有条件的学校，应该对英语教学大纲格式进行统一要求，然后汇编成册，作为课程资源和选课参考资源供学生随时查阅。

2. 完善课程体系

课程设置和教学大纲是课程管理的集中体现，也是课程管理的主要依据。《英语课程教学要求》明确指出：各个学校应当根据本校的实际情况，按照《英语课程教学要求》确定本校的英语教学目标，并以此为基础制定本校的英语课程体系。该课程体系除了包括传统的面授课程外，更应注重开发基于计算机/网络的英语课程，将综合英语类、语言技能类、语言应用类、语言文化类和专业英语类等必修课程和选修课程有机结合，形成一个完整的英语课程体系，以确保不同层次的学生在英语应用能力方面得到充分的训练和提升。第一课堂是人才教育的主战场，要培养我国经济发展和国际交流的高素质人才，就必须对本校资源和学生需求进行充分的调研，从是否具有足够的理论依据、是否适合学生目标、是否具有成功实施的可能性、是否具有效果的可评性四个方面，对拟设课程加以论证，在此基础上构建完善的英语课程体系。该体系可包括英语周末强化课程、英语预修课程、英语必修课程、英语通识课程、英语选修课程、英语辅修专业课程、双语课程和专业英语课程。

3. 建立课程管理机制

课程管理是围绕教师的教、学生的学和资源利用开展的管理。建立健全课程管理制度是为了强化课程管理，稳定教学秩序，加强教学质量控制而制定系列规章、制度、条例、规则、细则、守则等。它具有一定的法治效应和约束力，是全体师生和教学管理人员必须共同遵守的行为准则。完整的英语课程管理机制包括学校、教务处、校学生会、校团委、外语学院等相关部门制定的相关规章、制度、条例、规则、细则、守则。就外语学院来说，这方面的制度常见的有"教师教研活动制度""教师集体备课制度""教师集体阅卷制度""教师听课、评课制度""教师调停课管理规定""多媒体教室使用规定""英语自主学习中心使用细则""外语学院资料室借阅细则"等。这些规章制度有利于推动规范化管理,约束英语教师和相关管理人员的行为,提高办学效率和资源利用率,为提高英语教学的整体水平打下坚实的基础。

4.整合课程资源

课程资源是影响学校课程发展的一个重要因素,学校课程的丰富多彩和独特课程个性的形成,都需要大量的课程资源予以支撑。英语课程资源是指包括英语教材在内的一切有利于培养和发展学生综合语言运用能力、提高教师素质的物质条件和其他非物质条件。非物质的课程资源主要包括英语教师、学生、学生家长和其他一切社会人士。校内物质条件方面的课程资源主要表现为各种各样课程教学材料的实物或形式,常见的有以下几种。

(1)教材。教材是课程资源的核心,是课程的载体,是教学观念、原则、路径和方法的体现。

(2)图书馆藏书。随着自主学习、探究式学习和合作学习的不断推进,学生越来越关注图书馆的藏书建设,这是他们紧跟时代步伐、拓宽视野、构建知识体系的有利资源。

(3)教学设施。它主要包括教室(多媒体教室、视听室以及专用教室)、自主学习中心、图书馆自修室等。

(4)课程网站。它是第一课堂的延伸,大量的学习内容保证了超越时空的自主学习需求。

(5)第二课堂活动。它是英语语言实践基地,不断地给学生创设在实际中运用语言的环境,确保学生可以学以致用。

5.加强师资队伍建设

严格说来,教师也是课程资源。由于教师是教学活动的主持人、课程的设计者和提供者、教育市场商品的厂商,在课程管理和建设中有着不可替代的作用,是影响教学质量的关键因素之一。影响教学质量的教师因素包括:①教育背景。②专业水平。③教育能力。④教学态度。⑤科研能力。⑥交际能力。⑦组织能力。⑧人生经历/社会经历。⑨解决问题的能力。⑩语言知识水平。⑪语言技能。⑫语言比较能力、对语言教学的工具性。⑬人文性和教育性的认识和在教学中的贯彻。⑭其他,例如课程设计和评价能力、教材编写和评价能力、自我发展和可持续发展能力等。各校应该充分挖掘和利用本校的英语教师资源,根据其具体的业务水平、专长和特点,一方面按照"职才相应"和"按需设岗"两大原则合理安排工作,做到"知人善任,扬长避短";另一方面多渠道、多模式地开展教师培养,如学历提升、国内外短期访学、到名校进修并移植某门课程、学术沙龙、教授帮带、与外教联合授课、说课竞赛、同行和领导听课,以绩效观测,全面衡量、动态发展为考核原则,制定考核指标和考核时间,引导教师在规定时间内全面提升教学和研究能力,以适应新时期的英语教学。

6.适度引导学生

很多教师和学生只是为了应付考试,老师教什么,学生学什么,学生没有自主的思想,不会融会贯通,甚至不能举一反三。其实任何学习,都是由学生自己决定的,学生才是学习的主体,而学习是为了应用,因此教师应当适当放手,改变自己的教学方式,打开思路,从而让学生有更多的自主性,拥有独立的思考空间,能灵活变通。适当放手有助于增强学生的自主学习能力和学习积极性,但不能忽视学生在完成一个阶段的学习任务,准备跨入下一个阶段时,需要适度的指导。例如,刚进入大学时,他们需要接受如何成功改变学习方式的指导,以尽快适应学校生活;走进图书馆,他们需要图书馆工作人员讲解如何在浩瀚的知识海洋中快捷地获取自己需要的信息;面对一长串的英语课程名单,他们需要咨询老师,以确定自己应该选修哪些课程。这些指导或咨询可以解除学生的疑虑,使他们有更多的时间和精力投入学习中。

7.完善课程评价体系

课程评价是指依据一定的评价标准,通过系统地收集有关信息,采用各种定性、定量的方法,对课程的计划、实施、结果等相关问题做出价值判断,并寻求改进措施。课程评价可以让教师充分了解课程设置是否符合学生需求,课程目标的定位是否准确,课程内容是否紧跟时代的步伐,课程的实施是否达到要求,课程考核是否检测出了学生真实的英语水平等。课程评价在一定程度上可以起到调节课程设置、监督课程实施、促进课程建设等重要作用。

（二）英语课程管理应注意的问题

1.加强教学秘书的素养建设

外语学院教学秘书是学院与学校教学管理部门之间的桥梁枢纽，是外语学院主管教学的副院长和外语部主任的得力助手，是师生之间沟通的纽带。由于教学管理部门对学校的教学管理工作绝大部分是通过教学秘书来完成的，所以全面服务教学、服务教师、服务学生就构成了教学秘书的中心任务和本职工作。教学秘书除了要想师生之所想、急师生之所急之外，更要与时俱进，不断提高自身的业务素质与管理水平，强化人际沟通能力，在管理工作中要认识和摆正自己的位置，坚持以人为本，注重人文关怀。

2.加大英语学习的氛围建设

外语的学习就是听说读写，学习英语的过程也是如此。学英语时，说是非常重要的，但是学生们往往害怕自己犯错出丑，或者是不好意思向别人说英语，这在英语的学习中是十分不可取的。每个人在学习初期都会犯错，但错误才是进步的源泉，因此应多用英语进行交流。如果没有学习伙伴或者交流对象，也可以自己和自己对话，在这一过程中，也能很大程度上提升学生的英语交流能力。由此可归纳为两点：①学好英语必须进行大量的实践。②学习英语需要一定的环境。因此，英语课程管理除了能够向学习者提供生动有趣、有针对性和适用性强的学习内容外，还要加强学习氛围的建设，以各种形式和各种手段向学习者提供大量的可理解的外语语言输入信息，以营造一个轻松愉快的学习环境和语言氛围。

3.注重人文关怀

现代管理十分重视处理好管理过程中的各种人际关系，强调以人为中心，采取各种措施以实现共同的管理目标而高效地完成各自的任务。为了充分调动、激励和发挥人的主动性、积极性和创造性，英语课程管理者要充分了解人力资源，做到知人善任、各尽其能，如让具有丰富演讲经验的教师负责全校的演讲与辩论模块，把计算机知识丰富、善于捕捉信息的教师安排到网站建设中，请英语口语流利、语音语调颇佳、善于沟通的教师负责英语广场。同时，管理者还要开动脑筋，尽可能让所有人员都以各种形式不同程度地参与到课程管理中，让他们形成团队意识，培养他们的责任感和归属感。

4.处理好学术管理和行政管理之间的关系

由于学校具有教学、科研、社会服务和文化传承四种功能,英语课程管理不可避免地涉及学术管理和行政管理之间的关系问题。在实际管理过程中,这两种管理相互作用,相互制约。一方面,由于英语教学大纲、英语课程大纲、课程实施、课程评估、精品课程申报、教学成果奖申报等都是高度专业化管理事务,只有副教授和教授这样的专家和学者才具有发言权,因此,在管理过程中要充分发挥学者们的作用;另一方面,英语课程管理的部分管理工作由管理系统承担,专家学者也是该系统的管理独享对象,他们也应遵守各种管理规章和制度。实施英语教学改革,强化过程监控,既要抓好基础阶段的常规教学,又要加强提高阶段的后续教学,充分利用现代教育信息技术,改变传统教学及管理的模式和方法,创设真实的语言学习环境,加强学生自主学习能力培养力度,促进学生整体水平的迅速提高,以适应社会和经济发展的需求。这一目标有待在加强课程管理的基础上实现。

二、媒体融合视角下的英语课程管理体制改进策略探索

(一)国外英语课程管理体制的经验借鉴

1.日本英语课程管理体制

日本的文部科学省或文部省,成立于1871年,全称为日本教育、文化、体育、科学与技术部,是日本内阁的一个部,负责统筹日本国内教育、科学技术、学术、文化及体育等事务。高等教育局是文部省的一个下设机构,负责高等教育阶段各项政策的制定与实施,外语教育政策的制定也包括其中。日本的外语教育政策规定,英语课是日本各大学的必修课。这一规定确立了英语在日本的外语教育中第一外国语的地位。

自21世纪以来,为了征集到更全面的改革意见,日本的文部省多次组织各位专家学者,针对英语教育改革的问题召开了研讨会,最终,制定了一份名为《培养能使用英语的日本人的战略构想》文件,并且正式实施。作为一个纲领性的文件,它不仅提出了从初中阶段到大学阶段的英语教育培养目标,同时也有针对性地制定了一系列的指导措施,以此来提升国民整体的英语水平。由于社会人才的英语能力主要取决于英语的教育质量,所以,日本的各个学校特别重视对视听

和交流等方面的英语能力培养,以确保其所培养的英语人才能够顺利地解决今后工作中所遇到的各种问题。总之,"应用"就是日本阶段英语教育的主体导向。

为了培养学生在各自专业领域内的英语研究和交流能力,日本的英语教育界对于进入大学阶段的学生,甚至提出了从"学习英语"逐渐转变为"用英语学习"的要求。

因为在日本的中小学阶段已开设了基础英语课程,它是学习英语的基础,所以,高校也因此不再为学生开设重复的英语基础课程。并且,绝大多数的高校不会聘请专职的英语教师来负责学生的英语课程,而是选择那些以英语为母语的工作人员来兼职英语教师,同时为非英语专业的学生开设英语口语和写作课程。以此期望能提升学生的英语交际能力。

由于日本高校的英语教育从属于教养课程,即通识教育课程,所以,即便"二战"后多次调整教养课程的学分要求,日本大学通识教育也始终是把英语课程作为全体学生的必修课,这充分体现了英语教育在日本高校的受重视程度。

中国的英语教学工作,统一由大学的外语部负责,而日本高校则将其细分为文学部、社会学部、理学部等学部,或者以院系为单位开展教学工作,只有少数像东京大学和京都大学这样的公立大学,会专门设立一个部门负责大学的英语教学任务。

(1)东京英语课程管理体制。东京大学设有教养学部、教育学部、文学部、理学部、工学部、法学部、经济学部、药学部、医学部和农学部等 10 个学部。其本科教育的重要特点是:为了能更专注地学好专业课程,前两年只开设基础课程教育,而没有专业课程,后两年则完全致力于专业课程教育。

在 10 个学部当中,教养学部根据课程情况,分别于前两年负责全体学生在东京大学驹场校区的文科教育,后两年负责开展综合文理教育。前者是为了培养学生的"跨界知识",而后者就是侧重培养学生在人文、科学或跨学科领域的专业知识。

让其他的日本大学望尘莫及的是,东京大学提供了 3000 多门的教学课程。从各个课程的初级阶段开始,就采取部门级的管理方式,每个部门既各司其职又互相合作,共同承担不同课程的教学责任。这些部门包括外国语言部、社会科学部、人文部、自然科学部。

外国语言部共分九个部分：英语、德语、法语、意大利语、汉语、韩语、俄语、西班牙语、古典地中海语言。

其中，初级阶段的英语教学任务，由教养学部下设的英语部负责，这也是"教养教育"的重要组成部分。

1）英语课程的教学特色。在当今世界的政治、经济、外交、学术等重要领域当中，英语发挥着重要的作用。对于文化层面来讲，英语又可以深刻反映出一个国家的历史进程和社会发展情况，反之，这两个方面也促进了英语语言本身的发展。正是因为东京大学对英语有了这样的充分认识，所以他们所开发的英语课程，就表现出十分鲜明的教学特色。

在英语一阶段，他们使用自编教材作为标准课本，并尽力依照文理科学生的水平，满足他们在理解课文材料方面的阅读和听力技能；在英语二阶段，学生将花费一个学期的时间培养全方位的英语技能，所需的课程包括：R（阅读理解）、P（演示：文章写作、口头汇报和辩论）和C（理解：运用阅读和听力的研讨会）。

2）英语教师的专业发展。东京大学的英语部特别重视对英语教师的发展，他们鼓励英语教师成员相互交流教学大纲、课本知识等教学信息。另外，在适当的时候，英语部还会组织一些专题讨论会和研讨会，来提高整个教养学部的英语教学质量。

（2）日本其他大学的英语课程管理体制。京都大学把英语教育定位为一般学术英语教学，新生的英语必修课程也是由"综合人间学部"负责，每班35人，教材由教师自己决定，学生的英语课程只需要在大学一年级和大学二年级分别修够4个学分和5个学分即可。

一些私立的高校大学，像庆应义塾大学和早稻田大学，他们各系的外语教学部负责自己的具体英语教学工作。为了使学生能够在科学和工程领域熟练地运用英语，在2004年，早稻田大学科学和工程系成立英语语言教学中心，该中心专门负责本系的英语教学工作，可以承担每一届3000多名从本科生到博士生的各类各层次的英语教学任务。

总而言之，日本的英语课程没有统一的教学课本和讲解内容，为了能满足不同学生的学习需求，学校会引进外籍教师进行授课，尽最大努力创造运用英语的教学环境，通过培养学生英语运用的综合能力，来实现英语教育的根本目标。

2. 新加坡的英语课程管理体制扫描

新加坡的经济水平一直都发展得非常迅猛，曾经它也是亚洲"四小龙"当中的主要成员，这在很大程度上要归功于其对人才的教育和培养。值得一提的是，新加坡的英语教育可谓是成功的典范，它有效地推动了整个国家的经济发展进程。

因为新加坡在 1959 年之前的一段时间内，是处于被英国殖民统治的时期，所以它的英语教育具有一定的特殊性。新加坡的国情经历了几个阶段的变化，不同阶段所实行的英语教育方式也存在很大差异。在其最初宣布自治的 10 年里，新加坡的英语教学模式主要是讲授传统的英语语法，直到 1965 年正式独立以后，新加坡政府才开始采取"英语为本"的双语教学政策。双语教育是以两种语言作为教学语言，其内容也涉及其他非语言类的专业知识，虽然所有学生必须将英语作为第一语言进行学习，但他们还要学习自己的母语。这种状态在 20 世纪七八十年代维持了有二十几年，到 1987 年的时候，新加坡政府又明确规定，所有学校的正式教学语言必须统一使用英语，只是学习母语的规定仍然保持不变。

通过实行双语教育的教学模式，新加坡与西方国家之间的联系也被大大加强。另外，在实行双语教育的过程中，新加坡的精英教育采用的是分流教育的管理制度，他们将教育体制分为小学教育、中心教育、中学后教育、大学教育 4 个层次。在小学教育阶段，首先要接受 3 年的语言学习，然后根据 3 年级的结业成绩进行分流，具体可分为普通双语流、延长双语流和单语流。由于以英语为教学语言的更高层次的教育只接收那些被分入双语流的学生，导致许多学生丧失了接受更优质教育的机会。并且，在传统观念上，人们始终认为双语学生要优于单语学生，所以过早的语言分流模式给学生的心理造成了很大学习压力。然而，双语教育政策所创造的良好英语环境得到了人们的肯定，学生在每天的学习生活中不断地接触英语和使用英语，无形中提升了他们的英语水平。

（1）新加坡国立大学的英语课程管理体制。新加坡国立大学采用的是英美式的通才教育模式，英语是最主要的教学语言。学校划分为英语交流教学中心、教学与学习发展中心和系统科学院，其中，英语交流教学中心通过负责培养学生的英语沟通技巧和学习技能，来进一步提升学生运用英语的能力。在大学第一年，各个学院的学生只能学习到基础公共课，到了第二年，学生才能根据自身的爱好和特长选择不同的专业。

新加坡国立大学的英语交流教学中心在学生入学之初设置了英语资格考试，对于那些还不具备必要英语能力的学生，只能通过这个考试来评判其现有的英语水平，以此来决定这些学生应该选择学习基础英语课程还是学术英语课程。

除了上述提到的基础英语和学术英语课程外，根据不同学科的学习要求，该中心在不同学院也设置不同的英语课程。比如，在人文社会学院和商学院，都分别设置了"批判性思考和说明性写作"的课程与商业交际课程，而对于计算机专业的学生，则设置了计算机专业有效交流、商业技术交流、信息时代批判性思考等与之相关的专业课程。

（2）新加坡管理大学的英语课程管理体制。新加坡管理大学是新加坡六所公立大学之一，是亚洲顶级的财经类院校，主要学院包括会计学院、李光前商学院、经济学院、信息系统学院、法律学院以及社会科学学院。

新加坡管理大学由于其专业属性，尤其重视英语水平和英语能力。在新生（这里特指留学生新生）入学申请材料中必须包括 SAT、ACT、IELT 和 TOFEL 中的任意一项，并且有严格的分数限制。举例来说，非法律专业的学生 IELT 总分必须达到 7.0 分，而阅读单项和写作单项则分别需要达到 7.0 分和 6.5 分；法律专业的学生 IELT 总分必须达到 7.5 分，阅读和写作单项都需要达到 7.0 分水平。可见，新加坡管理大学对于学生的英语要求还是非常严格的。

学生在入学之初，虽然已经通过了一系列的语言考试，但是还不能得心应手地去面对即将到来的大学课程，所以，就像新加坡国立大学一样，新加坡管理大学还成立了自己的英语交流中心。为能满足新加坡管理大学学生学习英语的需求，该中心利用十几年的时间，设置了许多与英语语言相关的学习项目。在英语写作和口语交流方面，中心制定了明确的教学目标，希望他们培养的每一位学生都能成为一个出色的交际者。

通过上述介绍可以看出，新加坡具有良好的语言应用环境，双语教育的教学模式也为高等教育阶段推广和运用英语奠定了基础。此外，英语作为新加坡大学的主要教学语言，加快了高校走向国际化商业水平的速度，为新加坡与国际接轨提供了充分、便利的条件。

(二)我国课程管理体制的改进策略

1.课程管理体制改进的方向

改革方向是任何改革机制的前提条件,同时也是需要最先确立的方向,如果没有正确的改革方向,那么无论怎样努力,也不会达到改革的目标。英语改革方向主要包含以下几个方面。

(1)多元管理实现共管共治。多元管理是英语改革机制的首要条件,它大致可以概括为以下几个方面。

首先,关于管理主体的多元化改革。英语课程改革内容繁杂,整体改革过程中需要多方部门通力配合和协调,这就要求各级管理系统要共同参与,多元管理,按照各个管理主体的利益方向,来确定权力的比重。多元管理机制可以有效地增加各级管理部门之间的协调性,同时透明的管理机制以及公开的管理体系,可以在最大程度上减少改革过程中所出现的不必要摩擦和冲突。多元管理还要求各级管理部门之间灵活处理问题,改革过程中一旦出现问题,应当第一时间通知各方主管部门,并且通力合作解决问题。

其次,关于多元管理中的各级部门之间的联动和协调关系。多元化的管理机制,在于处理问题时的公开、公正和公平,面对利益冲突和改革问题要共同参与、群策群力。现代社会的高速发展同时也带动了多元化经济的协调发展,在社会体制之下,学校也面临着多元化的发展机会,这就要求英语课程改革也要多元化发展。英语多元化改革主要坚持以学生利益为主体,而各级主管部门利益均等的原则,不仅如此,我们还要通过对传统一元化管理体制的分析和研究,总结出经验和教训,坚持多元化发展,切实保证英语课程在权利主体、权利类型、权利途径以及权利层次等方面多元化发展。在改革过程中,坚持多元化发展有利于各方的相互依赖、共同发展,同时还能确立英语改革中各方的相互合作的关系。要想保证多元化管理机制长期健康发展,就要切实做好有效协商,面对课程改革权利分配中的关系,要一改传统的管理与被管理以及控制与被控制的关系,坚持多元化管理,建立相互合作的机制,保证管理双方利益均等,互利共赢。我们应当及时改变传统的管理习惯,建立正确的现代管理观,消除不正常的管理意识以及竞争意识,确立正确的民主公平价值观念,切实保证各个公民以及管理参与者的个人利益,在协调发展的前提下,共同进步,妥善处理相互之间的关系,只有这样才能最大限度地保证英语多元化改革的健康稳定发展。

最后,多元化改革要求参与管理的各级组织单位和个人,建立共担责任的机制,通过有效管理的流程,确立相互之间的责任和义务。通常在教学过程中,学校主体的主要任务是进行教学资源的获取和重组,教师的主要任务是负责教学课程的开发和管理以及科研申报,管理过程中所涉及的费用和教育预算,则依靠学校与教师商议决定。多样化的决策选择也是教育改革的重点方向,尤其是在资源获取以及教研政策决定两方面。

综上所述,英语多元化改革,应当建立相互信任、信息透明、信息开放以及意见统一的管理机制。没有规矩不成方圆,英语改革要有明确的管理制度,在英语课程管理改革中,各个管理主体应当本着利益多元化的原则,坚持以多方利益为出发点,切实按照管理制度进行改革和发展。其中,健全和民主的管理制度,有助于英语改革的稳定发展,用正确的管理制度来确保各个管理主体的利益和谐化与民主化。

(2)课程权责对应,权力分享。英语课程管理走向权力分享,管理制度需要校内外共同商议、讨论制定。目前,我国高校的协调管理机制还存在很多问题,如管理机制混乱以及协调不通畅等。随着高等学校章程制度的正式颁布,政校分开以及管办分离的管理方式,被正式运行于高校教育体制内,同时还颁布了相对应的章程,来明确各级管理部门之间的权力和关系,明确了学校的发展方向以及发展政策,切实保障了管理各方的切实利益,同时确立了各级管理部门之间的权利和义务。章程的颁布,为学校管理机构进行教研管理提供了政策基础,它有助于各类规范文件以及管理活动的制定和开展,同时它还要求学校和管理部门积极开展各种形式的社会合作,确保管理的自主权,这也是英语课程管理改革的重点发展方向。

在英语课程改革管理制度中,应当明确发展主体为学校组织,与此同时,需要建立完善的外部协调管理机制,在学校内部,还要建立院系自治机制加强内部民主管理。外部协调机制的确立有利于统筹好教育行政部门以及社会各方资源的协调合作,有助于促进学校与社会其他行业合作共赢的友好关系。只有做好各个发展主体的职能安排,才能切实保证三方主体之间的协调配合。为了保证改革的有效推进,作为行政管理部门应当首当其冲做到简政放权,增加学校民主自治管理的空间,同时为了跟进社会发展进程,学校主体应当增加与社会其他行业建立合作的机会,积极营造和谐共赢的发展局面。不仅如此,学校主体在做好教研工作的同时,对自身的管理问题以及发展问题也要积极总结和研究,不断建立自主发展的教育体系。英语教育管理改革,究其根本在于政府部门以及学校如何下放权力,如何在学校自主开设英语课程时给予帮助和指导,学校在创办和管理英语课程的前提下,应当综合考虑自身的办学条件、软硬件设施以及办学类型的选择。管理权力对于学校而言,是一把"双刃剑",其本身既是挑战也是机遇,如何切实用好管理权力开展教育,是学校应当着重思考的问题。学校要为院系开展英语课程提供必要的物质支持,如课程开发、课程选择、财务支持等。学校院系在受到各方鼓励和支持的情况下,应当切实合理调配各方资源,努力做好课程的开设和管理,最大限度地实现现代英语自主自治的管理局面。

英语体制外制度建设方面,要综合考虑到院系与学校以及与教育主管部门的关系和职能,在完善好内部管理制度的同时,还要统筹协调好与外部的关系。转变学校职能体系对于现代英语课程管理制度的建设尤为关键,改变学校行政职能,意味着院系需要具备足够的自主管理权。但是需特别注意的是,转变学校职能不代表学校彻底放权,而放权的方式有很多种,比如,在职权上,必须下放的内容要坚决下放,但是学校要保留监督指导的权利和义务,而对于一些自身条件有限,甚至无法承担过高成本的院系,学校要给予一定的帮助,或者将权力下放给能够给予院系支持的社会部门或者组织,同时学校享有知情权和监督权,这便于学校进行统一管理和统一协调监督。所以,现代课程管理制度要求摒弃已有的落后管理制度,建立规范合理的现代权力管理制度,改变指令性管理,建立宽松民主的宏观指导性的管理体系,只有这样才能切实保障英语的现代化课程改革进程。

院系自治制度可以提高院系的内部制度保障机制,那么都有哪些内容属于自治制度的范畴呢?一方面包括院系自主决策、教职工与学生共同参与以及领导权力制定和绩效改革等;另一方面,在现代英语课程管理体系中,还具体包括教研课程自主选择、学校自主发展、师资团队自主构建以及财政自主支出。

通过控制行政配置来进行二次分配,是进行统一管理的最佳方法。为了推动英语课程的多元化管理改革,首先要确立各个组织机构的执法地位,建立完善的管理制度,并且确保双方在执行过程中的权利和义务,切实分配好各方的权力和职责;其次要鼓励参与管理的各方群策群力,切实保证改革的有效推进。

学校要全面落实英语课程管理自主权,按照多元主体共治的主要思想,给予英语课程管理宽松的政策环境,引入多元投资,吸引更多的教师加入英语课程管理与教学团队,打造最优秀的教师群体,重新构建教学管理制度及评价监督制度,放手让他们依规教学,形成学校谋划英语专家、组织英语教学、行业协会力量支持英语的多元互动机制。

(3)分集结合,进行整体优化。目前,我国高校依然依靠各个组织机构来保证管理的正常运行,在这其中既包含了中心制、学部制,也包含了学院制,这些组织机构的确立,有效地保证了管理的通畅,其中英语的管理直属机构是外国语学院,并且由外国语学院下设院系来执行教学任务。但是通过对当前教研机构的走访和调查发现,目前的管理体系依然存在很多问题,突出表现为管理机构众多、管理效率低下等。

由于考虑到管理机构混乱的问题,人们纷纷提出重组管理机构,重新制定分集结合、整体优化的改革路径。整体优化要切实统筹好各方的权力和职责,重新根据各方因素建立管理体系,面对所有管理要素进行优化设计,最终的目的是最大限度地提高管理效率。现代英语课程如果要重组管理机构,需要从两个方面入手:第一,减少管理层次,努力推进扁平化管理机制;第二,加强各个职能部门之间的联系,保证相互之间快速沟通,高效工作。

2.课程管理体制改进的原则

(1)民主性原则。民主性原则是现代管理理论中最突出的原则之一。它主要强调的是参与管理活动的各方在人格地位上的平等,管理主体要能充分听取被管理者的意见和建议,它的特点在于追求权力下放。

首先,民主平等的管理关系是英语课程管理目标得以实现的关键。在高校中,对英语课程实施管理的教师以及行政干部,相对学生等被管理者显然处于更加强势的地位,这些教师以及管理人员如果还秉持过去的管理模式和习惯,一味地管人、压人,不给予被管理者表达意见、建议的机会,那么民主性就无从谈起,也难以取得良好的管理效果。所以只有坚持民主性的原则,才能顺利推进高校英语课程管理体制的改革,也才能不断提升管理质量。

其次,下放权力是民主管理的重要途径。高校要将英语课程管理的权力充分下放,将更多的自主权交给教师、交给基层部门、交给学生,调动起教师、学生以及基层部门工作的积极性。

最后,要在整个英语课程管理体制改进中着力创设一个信息畅通、资源共享、各方平等参与、良性互动的教与学的环境。要整合各方面的有益资源并充分对其加以利用,这样才能有效地提升实际的语言能力,也才能增强各方的合作意识。有了良好的民主的环境,管理体制才能高效地运行。反之,有了体制保障的高效运行,对民主环境的营造也更加有益,所以应当努力在这两者间形成一种良性的互动与循环。

(2)辩证性原则。要想顺利实施在英语课程管理体制阶段的改革,必须要坚持辩证性的原则,这是课程改革的内在要求。虽然现阶段出现了很多新型的管理体制,也有很多人对传统的管理体制进行抨击,提出了不少质疑,但是传统的管理体制不可能完全被新的模式所取代。所有新的管理体制,都是人们按照特定的需要创造出来的,所以,任何一种管理模式都既有优势,又有局限性,也会受到条件以及范围的限制,并不存在一种完美无缺的管理模式,我们要辩证地去看待所有的管理模式及体制,并在推行一种模式之前要进行充分的论证,分析其优劣,不能全盘肯定一种模式,也不应全盘否定一种模式。在权力归属、管理功能以及理论基础上,一元管理的主体与多元管理的主体,都存在明显的差异性。这其中的关键是做好权力方面的制衡。

首先,由马克斯·韦伯创立的科层官僚制,是一元管理的理论基础,这是集中的、单一的、从上到下的科层秩序,其管理组织有着很大的规模,有着严格的等级节制;而对于多元管理理论来说,治理理论就构成了它的理论基础,它突出的是利益方面的多元化,以及权力方面的多主体性,更加注重的是合作治理以及相互的协商,并不会对等级秩序进行严格的限制。

其次,从权力归属的角度出发,一元管理规定如果某个院系或部门具备英语的管辖权,那么它就可以针对一些特定的事件,强制性地行使自己的权力,这种权力具有终极性,并且是合法的。但是一元化管理体制在行使决策权时,会表现出随意性和盲目性,而多元化的管理体制更加注重权力的相对自主,要求利益共同体一起分享有限的权力,一项决策由利益共同体一起来实施评估,作出决定并共同执行。权力无法被任何一方所垄断。

最后,在功能的发挥方面:一元管理体制下,各方在行动上能够保持高度一致,规模化的效益更容易体现,政令能保持高度统一,避免很多争执的产生,对于实现集权化的管理十分有利;但是多元化管理模式下,需要平衡利益共同体的多元化需求,对管理中的民主化更加有益,决策的过程中能够避免随意性。因此需要广泛收集各方的需求以及信息,进行清醒的分析,再做出合理的决策。总而言之,英语课程管理体制改进不能一蹴而就,这是一项系统的工程,其过程十分复杂。实施者要充分考虑教育的大环境,结合本校的实际情况,还要认真参考教育史上的变革,以及中外的先进管理经验,稳健地推进课程管理体制的改进。

(3)整合性原则。所谓的整合性原则,就是指在英语课程管理中,人们必须从整个管理及教学工作系统出发,整体全面地思考问题。一切管理都要围绕提升英语课程管理效能,从服务英语教学质量提高的整体出发,适当进行权力集约。

首先,要重视整合性设计。英语教学的管理者要对教学方案进行科学的规划,对英语教材进行合理的编写,制定出可操作性强的评比与考核制度,将来自各方的智慧以及力量,用最合理的方式结合在一起,多方进行努力,全面提升英语教学的质量。

其次,要注意开展过程整合。在英语课程的管理中,对整个过程的管理必不可少,而且需要加强对每个阶段的管理。教学的整体目标明确了,管理工作才能得到加强,也才能调动各方面的力量,共同促进教学质量的提升。另外,只有分阶段实现了预期的教学目标,教学的总体目标才能够顺利实现。各个阶段组成了过程,任何一个阶段出现了管理上的漏洞,教学全过程的总体目标就难以实现。因此,在管理的过程中,不仅要坚持整合性的原则,而且不能忽视阶段性的管理过程。管理要按照过程循序渐进,严格按阶段进行,不仅要考虑客观实际,而且要随时进行合理化调整。

最后,要在处于主导地位的教师与居于主体地位的学生作用间进行整合,同时实现语言解说和媒体演示的整合。传统教育模式中,常常有两种较为极端的现象出现:一是学生自主型的现象;二是教师主导型的现象。现代英语课堂上,若积极引入多媒体设备和手段,课堂教学中的趣味性将得到大大增加,因此应当在教学过程中增加多媒体设备和手段的使用,但为了避免"喧宾夺主",多媒体的使用应当适量、合理,同时也需要对教师与学生之间的相互作用进行有效整合,合理使用多媒体设备及手段。

(4)高效性原则。所谓高效性原则,主要是指在管理过程中及时控制和调节相关信息,做出高效反应。这是权力务实而非虚化的突出表现。对于英语课程的教学工作以及管理工作来说,在科层这种纵向的序列中以及部门与部门的横向序列中,都要实现内容方面的及时有效沟通,信息方面的顺畅高速传递,结合英语课程管理的实际,进行合理化调整,在管理中取得实效。如果信息传递不及时,沟通不顺畅,那么管理的功效就会大打折扣,甚至会导致管理陷入僵化和失控的局面。因此要保证管理工作中的各个环节的信息畅通,及时对信息进行反馈,及时发现和调整课程管理中的问题,让权力发挥应有的作用。

第二节　媒体融合视角下的英语课程及课程资源建设

一、英语立体课程体系建设

(一)英语立体课程体系设置的理论依据

随着国际交往的日益频繁,社会对英语的综合应用能力,尤其是听说能力的需求日益增强。而原有的课程体系以必修课为主,选修课开设门类少,学生没有太多的选择余地,不能满足新时期社会对人才的需求。为适应社会需要和提高教学效率,满足不同学生的学习需求,必须改革现有的英语课程体系,依据教育学、心理学、语言学等学科理论,建构新的英语立体课程体系,真正体现"把成才权交给学生"的现代教育理念。

1. 以人本主义课程论为出发点

"课程"一词源于拉丁文词根,指"跑道"。课程是比较标准的场地,学生在上面跑向终线(获取文凭)。人本主义课程论产生于20世纪70年代的美国,现代人本主义课程论是在抨击学问中心课程论的"非人性化"的浪潮中应运而生的,从教育本身的角度来看,其内涵也从知识向"人性论"不断发展。人本主义课程论使每个人都得到他所能达到的充分完善,使个体具有独立自主的人格。人本主义课程论强调人性化,人的个性发展是人全面发展的条件,同时,个性发展也受全面发展的制约。因此,人性化原则与现代教育全面发展原则是完全一致的。此外,人本主义课程论还强调人的全面发展,在课程组织结构方面,人本主义课程观强调"综合"。从人的认知结构和客体的知识结构来看,综合化原则是必要的。首先,知识组织和认知结构具有横向联系性质,是纵横交错、复杂的网络系统。知识只有在横向和纵向的联系中才有确切的意义。教学任务的综合规划是教学最优化的重要措施。其次,从心理学角度来看,理解新知识的前提是学生已牢固掌握旧知识且出现新知识时,将头脑中已有的要领以及具体实际之间建立起逻辑联系与因果联系、功能联系以及其他各种联系。以人本主义课程论为出发点,英语立体课程体系为每个学习者提供真正有助于个性发展和成长的经验,能够使个体充分发挥各自的主观能动性,同时符合现代社会对人才培养的要求。

2. 以建构主义理论为基础

英语立体课程体系是以人类社会发展需求为动力,以人才培养目标为中心,倡导个性化学习,包括自主化学习、启发式学习和趣味性学习。建构主义理论强调学习者如何在自己的思维中构建知识,符合人类学习认知规律。它认为知识不是通过教师传授得到的,而是学生在一定的社会文化背景下,借助于他人(教师和学习伙伴)的帮助,利用必要的学习资源,通过意义建构的方式获得的。该理论强调以"学"为基础来设计教学,同时强调学习过程的真实性和社会性,强调学习是一种目标的指引、意义的建构和信息的不断积累。因此,英语立体课程体系在一定程度上体现了建构主义理论。

3. 以整体语言教学理念为指导

有学者认为整体语言教学不是一种简单的语言教学方法和技巧,而是关于语言、语言学习、语言教学、教学内容及学习环境的一整套理论和原则。整体语言教学认为语言教学应是一个整体过程,语言知识和技能应通过自然的语言环境加以培养,而不应人为地把语言知识和技能分割开来孤立地进行培养。语言教学应以学生为中心,考虑学生的需求、目的、兴趣、能力、学习风格和策略,鼓励学生主动发现、探究和学习,从而增强学生的学习欲望。语言教学应从整体着手,听说读写是语言作为功能结构综合整体的有机组成部分。语言技能不应当被分成听说读写,而应该同时教。教师则从知识的灌输者转变为学生学习的指导者、促进者、活动设计者和组织者。整体语言教学不仅为提高学生听说读写能力打下扎实的基础,而且有利于培养学生分析问题、解决问题和运用英语的能力,从而达到真正提升学生的交际能力和学生英语综合应用能力的目的。整体语言教学理念强调语言能力培养和发展的整体性,符合英语的教学要求和教学目标,该理念为英语立体课程体系实施提供了保障。

(二)新形势下立体课程体系设置方案

1. 立体课程体系建设指导思想

课程的设置须考虑多方面因素,最为基础的是课程在人的发展上所体现的价值,而社会价值、经济价值也是基本的方面。课程体现多种价值的融合,特别是人的发展、经济发展、社会发展的融合。21 世纪英语教学不再只是语言知识和语言技能的传授和培养,而是和学生的专业技能、综合素质、创新能力的培养与发展紧密地联系在一起。在英语课程体系设置上开发和建设各种基于计算机和网络的课程,充分体现个性化,考虑不同起点的学生,既要照顾起点较低的学生,又要为基础较好的学生提供发展的空间;既能帮助学生打下扎实的语言基础,又能培养他们较强的实际应用能力,尤其是听说能力;既要保证学生整体英语语言水平稳步提高,又要有利于学生个性化的学习,以满足他们各自不同专业的发展需要。

(1)以培养适应经济全球化和地方经济社会发展需要的专业技术人才为导向。《课程要求》没有列出具体必修课程和选修课程名称,这一做法有助于各校在根据自身特点设计课程体系时发挥主动性和创造性。宁波大学是一所地方综合性大学,学校所在地浙江省宁波市,近年来社会经济发展迅速,国际经济与文化交流蓬勃发展。为适应地方社会经济的发展,宁波大学制定了其办学的基本定位:面向浙江,紧贴宁波,为地方经济建设和社会发展服务。鉴于此,英语课程体系以培养英语语言技能为基础,强化学生的语言交际能力,同时注重涉外经济文化知识的传授,培养具有较高人文素质和实用能力的专门技术人才,以适应经济全球化和地方经济社会发展需要。

(2)以提高英语综合运用能力为核心。多年来,人们视英语为一种工具。实际上语言不仅仅是工具,它同时也是文化的重要组成部分。语言作为文化载体,与文化密不可分。《课程要求》强调英语课程不仅是一门语言基础课程,也是拓宽知识、了解世界文化的素质教育课程,兼有工具性和人文性。因此,设计英语立体课程体系时要充分考虑学生英语综合运用能力的培养。英语综合运用能力是指运用英语的综合能力,包括语言技能、语言知识、情感态度、学习策略和文化意识五个方面。英语教学内容除了语言知识、语言技能外,还包含了人文情感、人文素养和人文理想的培育,体现了将英语仅仅作为工具学习转变为将英语作为素质教育的一部分,符合教育部"高等学校本科教学质量与教学改革工程"提出的"全面推进素质教育"的要求。

(3)以校园网和多媒体网络技术为依托。将课堂教学、实践教学和网络教学相结合,英语教学改革的一项重要内容是实施基于计算机和课堂的英语教学模式。在课程体系建设中,将课堂教学、实践教学和网络教学三者紧密结合。在推进计算机网络在外语教学应用的同时,重视课堂教学和第二课堂建设,相互补充、相互促进。充分利用现代化的多媒体网络技术和加强实践教学,改进英语教学环境和教学手段是英语发展之必然。基于计算机与网络的自主学习与课堂面授相结合的教学模式,不但利用了现代先进技术,而且继承了传统教学的优势,更有利于激发学生的学习热情,培养学生的自主学习能力,提高学生的英语综合能力。

2. 英语立体课程体系建设的方案

(1)逐步弱化分级分类教学。1994年宁波大学开始实施分级教学,根据学生进校的高考英语单科成绩按 A、B、C 三类统一编班(艺术、体育等专业为 D 类学生,单独编班)。各级有不同的教学目标、教学计划和教学方案等,体现出层次性,让学生在各自不同的起点上分别进步。A 类学生重点在于培养英语应用能力,尤其是英语表达能力;B 类学生采取英语应用能力与英语语言知识并重的教学策略;C 类学生重点在于吸收语言知识,打好英语基本功。学生入校后的分级分类并非一成不变,符合一定条件可进行类型转换。学生在期末考试后一周内,可根据自己的学业情况向教务处和外语学院大学外语教学部提出转类申请。期末考试综合成绩 80 分以上者(满分 100 分),C 类可转 B 类,同样 B 类可转 A 类,进行升级。同样,期末考试综合成绩 60 分以下者,主管部门可要求学生降级学习或通过重修形式弥补。

经过十几年的发展,宁波大学学生已从当初5个批次录取发展成如今基本一本招生,录取分数线均超出重点分数线,学生的英语水平大大提高。根据宁波大学本科生培养方案,本着因材施教,提高教学质量的原则,逐渐弱化分级分类教学。除体育、艺术类专业学生外,其他学生修读"英语三""英语四"为必修课,各3学分;"英语口语三""英语口语四"为必修课,各1学分;口语课设置为实训课,每周2学时。英语必修课总共8学分,修读一学年。对于基础较差的学生,建议修读英语预修课程。通过以上措施,逐步弱化了执行近15年的分级分类教学。

(2)压缩英语必修课学分。新《课程要求》实施之前,我国英语主要是基础英语或通用英语,其目的是帮助学生进一步打好语言基本功。英语这门课作为学校教育的组成部分就应当是综合性的,故必须遵循大学教育"文理渗透、加强基础、重视素质"的基本原则。随着近年来我国经济飞速发展,国际交往日益频繁,国家和社会对英语教学,尤其是对英语综合能力提出了更高、更迫切的要求。如果人们仍沿用旧的教学模式,把主要精力放在让学生打基础上,会让部分学生产生厌学心理,英语教学也将滞后。新形势下,越来越多的学者认为应该压缩英语学分;国家重点大学应该逐渐转向不设公共英语课,学生入学后直接接受双语教学;中学毕业生进入大学后应直接过渡到专业学习,而不必再学普通英语。

结合新《课程要求》的教学精神和目前英语教学改革现状,考虑到宁波大学学生入校时的英语水平,继续压缩英语必修课学分,将必修课学分从原来的16学分减少到8学分,修读一学年,包括"英语三""英语四",各3学分,"英语口语三""英语口语四",各1学分。压缩必修学分,让学生有更多学分去修读其他英语课程,让学生的英语能力得到全面发展。

(3)开设独立的"英语口语"课程。为了培养学生英语应用和跨文化交际能力,宁波大学单独设置了"英语口语"课程,以此作为突破口来提高学生口语水平。该课程面向所有学生开设,有独立的教学大纲和教学计划,期末举行口语考试,考试不及格必须重修。此课程的开设,为解决学生英语口语表达能力不足的问题提供了教学过程保障。同时,还推出了宁波英语口语等级考试,学生可自愿参加等级考试,成绩合格发放相应等级证书。

二、英语教材与课程资源建设

（一）英语教材建设理念

1.以课题建设为指南

就我国英语教师而言，绝大多数人的母语是汉语，尽管按照当地的标准已成为合格外语教师，但是其外语水平仍有待进一步提高。在这种情况下，好的教科书有利于教师有效地开展教学，并提升他们自身的职业实践能力。

2.以团队建设为保障

教材开发者不但需要有坚实的外语教学理论基础，还需要有丰富的教学实践经验。换句话说，一本教材质量的高低，不但取决于主编确立的编写大纲和编写思路，还取决于参与人员的整体水平。为了营造一个良好的科研氛围，提升整个学院的研究实力，形成老、中、青合理的研究梯队，外语学院组建了8个研究所：英语教育研究所、专门用途英语及语言文化研究所、外国语言学研究所、英语文学研究所、翻译研究所、日本研究所、跨文化交际与欧盟文化研究所、加拿大研究所。各研究所所长定期召集成员开展学术活动，交流研究心得。在这样融洽的学术氛围中，相互的交流使得大家非常清楚彼此的研究兴趣和专长，一旦有了合适的教材选题，就很容易组建起攻关队伍，在较短的时间内完成教材的编写工作。

3.以协调发展为导向

时代的发展，社会的进步和知识的激增，不断地拓展着教材的内容。现在，教学用的课本、练习册、教师用书是教材，补充练习、辅导练习、自学手册、录音带、录像带、光盘等也是教材。于是，教材建设的方向出现多维性，可谓百花齐放。但这些教材之间存在较大差异。注重理论性的教材耗费了编写教师大量的时间，这些教材多半是课堂上使用的教材。注重实践性的教材编写起来可能相对容易，耗时也相对较少，这些教材多半是学生在课外使用，对学生学习起着辅助作用。于是，我们就面临如何评价这些教材对学科发展的作用这一问题。如果处理不好，会影响教师的教学和研究，最终影响学科发展。实际上，不管教材注重理论还是实践，它们都是为教师和学生服务的，教材之间的差异是课程之间的差异造成的，因此，应该本着平等的原则，以协调发展为导向，支持不同层面的教材建设。

(二)、英语课程资源建设

1.英语课程资源建设的原则

(1)"学生为中心"原则。学习兴趣是影响学生学习成果好坏的主要因素,学生对所学的内容如果有着非常高的学习兴趣,将有助于提高学生的学习成绩,在英语课程学习中也不例外。现阶段,我国的英语课程安排,也是以培养学生的学习兴趣,积极营造良好的学习氛围为出发点。想要提高学生的学习兴趣,就要了解学生对英语学习的需求,并且从学生的需求出发,规划和实施英语资源建设。在教学过程中,要十分关注学生的知识资源积累,包括但不限于情绪类资源、错误类资源以及差异兴趣类资源等。关注学生的思想意识状态,培养学生进行主动学习的能力,将学生培养成为知识的构建者和管理者,一改传统应试教育的弊端。原有的英语教材不再是学生主要的学习对象,而应该是学生进行英语学习的工具,变成开拓学生英语学习思维的载体。同时利用多媒体等新兴教学资源,为学生营造良好的学习氛围和学习场景,让学生在教学过程中学会主动交流、学习和探讨。

(2)开放性原则。面对世界多元化的发展趋势,当前英语课程资源建设面临着诸多挑战和机遇。随着长时间的摸索和分析,现阶段我国英语课程正在进一步深化改革中,而现有的师资力量以及教学内容,也在不断地专业化和系统化,越来越多的课程安排,融入了传统的英语课程体系中,在很大程度上保持了英语课程体系的高速发展。面对多方面的知识来源,教学资源开发者应当树立开放的心态,需要知道当前社会和文化都在经历多元化的发展趋势,只有以开放的心态面对各种渠道流入教学体系的资源,才能做到优势互补和长足发展。当今全球正在发展和完善知识经济一体化,所谓一体化即全球的知识、内容、经济、政治,都在经历着互相影响的发展态势,所以为了能够跟上社会主流知识发展的快节奏,必须树立开放共赢的心态,并且始终坚持开放性原则。

(3)前瞻性原则。英语课程建设需要以学生兴趣为出发点,以学生的实际需求为主要原则,现代英语课程安排要着眼于现阶段社会发展的需要和未来社会的发展需要。面对不断发展的社会经济,只有建立好具有前瞻性的课程体系,才能真正帮助学生在未来的社会经济建设中拥有优势。对于当前英语课程资源建设者,其主要职责是了解和洞悉现阶段社会经济发展的动态,对于社会新兴知识体系进行吸收和消化,将有发展意识的知识传递给学生,帮助他们更好更快地适应快节奏的发展需要。

2.英语课程资源建设的影响因素

(1)学校决策。20世纪90年代和21世纪初,读写能力一直是英语的教学重点,在应试教学思想的指导下,各校互相攀比英语四、六级过关率,甚至把它作为教师考核的目标。在这种背景下,各校加大了某些方面的英语资源建设,如教师学历达标、图书建设等。同时,在教育部组织的本科教学评估期间,为了获得评估"合格"或"优秀",各校积极引进高素质的英语教师,创建了功能较为齐全的英语自主学习中心和语音实验室等,从侧面加强了英语课程资源建设。近年来,由于高校新生英语水平逐渐升高,有的学校已经开始削减英语学时,压缩英语学分,分流英语教师,调整英语教师考核标准,这些都极大地妨碍了英语课程资源建设。

(2)课程目标。课程目标主要指教学的预期完成效果,完好的课程目标,能够指引教师对教学工作的展开,同时还能起到调整教学进度以及制定奖惩制度的作用,课程目标在一定程度上决定了课程安排设计的方向。课程目标的导向性,决定了课程资源开发的主要方向,同时还决定了课程安排得是否妥当和丰富。课程实施效果,离不开对课程资源的开发和利用,这也是课程实施的重要环节。课程目标的完整实现,需要课程资源具备丰富性以及良好的适应性,同时课程目标的设立,在一定程度上也影响着课程资源的开发和利用。

(3)课程资源对经费投入的需求。英语课程资源异常丰富,有不同的属性和呈现方式。最原始的、数量最大的,是英语教材和参考图书,最容易开发的也是文字材料。但是,由于英语是一门实践性很强的课程,英语教学质量受到猛烈攻击的原因之一,就是长期以来注重读写能力的培养,忽视了学生交际能力的提升,尤其是口头交际能力的提升。仔细分析就会发现,读写能力的培养和口头交际能力的提升,对教学资源的需求差异很大。口头交际能力的培养,需要小班化教学以增加学生的锻炼机会,这是对人力资源的需求,尤其是外教;需要熟悉大量的语言应用场景,如机场、超市、游乐中心等,一般院校无法确保学生亲临现场,只能借助于教学磁带或光盘,这样对物力资源的要求就比较高。这些资源的经费投入远大于培养学生英语读写能力这一教学目标所需要的资金。

第三节　媒体融合视角下的英语教学评估与反馈

一、英语教学评估内容及实践

(一)英语教学评估体系和英语专业教学大纲对课程的基本要求

执行高校英语专业英语教学大纲的效果,需要通过学生英语教学评估体系来进行检验,学生英语教学评估体系与教学大纲有着相同的要求。教材的编写、教学的组织和教学效果都可以将学生英语教学评估体系作为依据,该体系的各项规定也对全国各高校的英语专业具有指导作用。

英语专业教学大纲按照教学大纲的要求,对英语专业的教学提出了严格的规定。英语本科专业为 4 年制,基础阶段和高年级阶段为英语专业 4 年教学的两个阶段。在这两个教学阶段中,课程安排的侧重点不同,但始终要将 4 年的教学过程作为一个整体,英语语言基本功要始终贯穿在整个教学中。基础阶段要让学生打下坚实的英语基础知识,对学生进行实际语言运用能力的培养,严格训练基本技能,教授学生正确的学习方法,为高年级阶段的学习提供保障。高年级阶段教授学生专业英语知识的同时,还要继续抓牢语言基本功的训练,扩宽学生的知识面,加强学生对英语的综合运用能力。两个阶段相辅相成,缺一不可。

英语教学的语言一般为英语。英语专业知识和专业技能以及相关专业知识,为英语专业课程学习的三种类型。其中,英语专业知识课程包括英语语言以及文化等方面,例如英语词汇、语言、语法、西方文化、英美社会文化等相关课程。英语专业技能课程分为两个方面,即英语的各种单项技能训练和综合技能训练课程,课程包括英语的听、说、读、写、译等方面。而相关专业知识课程则包括与英语专业相关的如政治、经济、文化等课程。4 年的英语专业课,课时不包含公共必修课和选修业课的课时不应超过 2200 个学时,也不应少于 2000 个学时。各高校应根据本校的办学特色、培养方向和学校条件来制订具体的教学计划和专业课时,并据此开设必修课和选修课。

受高等学校外语专业本科教学评估指标等级标准的影响,学科应与自身学校的实际情况相结合,确定专业方向,突出明显的专业优势,有明确的专业建设规划,符合社会发展和对外开放的要求,与学校整体发展和外语学科的规律相一致。

(二)对英语课程的形成性评估

课题组通过对英语精读(基础)课的总评成绩评定来确定形成性评估的实施效果。在通过访谈和问卷的调查之后,发现终结性评估成为大部分学校精读课教学评估的主要方式,再辅以形成性评估。期末考试中,大部分英语基础课(这里指必修课)的总评成绩中包括60%的单项成绩。但其中的一所高校是按照平时成绩占总评成绩的50%,期中和期末的成绩各占总评成绩的25%,也就是形成性评估和终结性评估各占50%的方式来评估的。形成性评估对于学生来说更容易被接受,而终结性评估则对教师的影响更大。教研室和教研小组都可以决定教学评估方案。学校检测学生的学习效果主要通过期中和期末考试,而试卷多以听、说、读、写、译的传统题型为主,由教师统一出卷,但这样很难看出学生的英语应用能力如何。个人或教师团队的评估理念会影响到学校是否使用形成性的教学评估方式,而英语专业的教师相较于其他专业教师而言拥有更大的自主权,所以教学评估理念也更容易受到教师个人的影响;与此同时,出题人的设计理念也会影响到终结性评估的科学性和系统性。通过调研结果可以发现,所有参与调研的学校都认可将终结性评估和形成性评估相结合,而若要让各高校的学生和教师都接受形成性评估,关键在于教学评估改革中的教师和教学团队,因为评估也会受到教师个人信念的影响。

二、英语教学反馈与问题解决对策

(一)英语教学实践中存在的问题

1.学生自身对英语学科感到厌倦

对于英语专业的学生来说,他们的英语课程学习一般会花费四年时间,而其他专业的学生只用花费两年的时间。并且英语课大部分是把讲单词和语法作为主要的课堂内容,其上课模式和高中时的英语上课模式十分相近。对于大一新生来说,他们更希望大学的教学方式不同于高中,如果大学的教学模式和高中仍旧一样,他们会对课程产生抵触心理。

2.外语教学模式陈旧

大多数英语课堂都以教师为主,即教师讲解、学生听讲的授课模式。由于在这样的教学模式下,学生总是处于被动的一方,所以学生很少会提出自己的疑问,也不会向教师请教,这就使学生不能发挥出其学习积极性,从而大大降低了学习的效率。在大多数的大学中,英语都是一门公开课,所以课堂上的学生很多,再加上现有的教学方法偏向灌输,这就导致了学生和教师不能相互了解,导致教师不能根据每个学生的具体学习情况进行教学,针对性讲课更是难以实现。

3.外语教师严重不足

根据相关人员的调查,我国的外语教师数量严重不足,并且在这些外语教师中,优秀的英语教师更少。许多大学因为英语教师不够但是又要顺利地开展英语课,就会从外校聘请教师。但是,外聘的英语教师少有经验充足的,并且他们的教学模式非常守旧,所以他们的教学水平不能满足英语课程的要求。而且此类教师大都缺乏敬业精神,很多教师为了自己的发展会选择跳槽,这就导致高校的英语教师团队十分不稳定。

(二)解决问题的策略和办法

1.帮助学生转变学习的观念和态度

学生在进行英语学习时,最为关键的就是学生自身要做到学习观念和学习态度的改变,并且在教学过程中,教师要努力帮助学生改变学习态度和学习观念,同时学生也要有着自身清晰明确的学习目标与规划,不断提高自身的学习热情。因此,在英语课堂教学中,教师要对学生的英语学习进行深入指导,不断提高学生自主学习的意识。同时也要让学生清楚地认识到在生活中,学生有着大量的空闲时间,教师不能布置过多作业,让学生利用空闲时间进行自主学习,以此来提高学生的学习成绩。

2.更新教学的观念

不仅学生要转变学习态度和学习观念,同时,教师也要不断更新自身的教学观念,做到与时俱进,要坚持以学生为主的教学观念,在课堂教学中,要帮助学生清楚地认识到学生自身的主体地位。同时,教师也要清楚自身的职责:教师不仅是知识的传授者,同时也担当着组织、监督以及示范的职责。与此同时,教师可以在教学中运用大量的现代化教学手段,例如多媒体教学、信息技术等现代化的教学手段,在校园内为学生进行自主学习开辟网络空间。而且,要尊重学生的学习差异,理解学生的个性,使英语学习逐步呈现出个性化发展的趋势,脱离时间、空间的限制。

3.摆脱母语的束缚

多数学生在进行英语学习时,很大程度上会受到自身母语的限制,也有部分学生对于母语的依赖度颇高。所以,在授课过程中,教师要创造有利的教学条件,采用全英文的教学方式,也可以借助一些浅显易懂的方式进行英语教学,以此来帮助学生从自身母语的束缚中挣脱出来。假如有一些复杂词汇出现,那么教师可以采用相对容易理解、容易接受的教学手段进行英语教学,例如可以通过看视频、图片等多样化的教学手段,来帮助他们养成良好的思考习惯。而且,在授课过程中,教师可以将一些复杂的语句重点指出,灵活地运用于课堂教学中,以便于学生能够更好地根据上下文来理解文章的内容。

4.提高课堂的效率和质量

学生的学习热情需要教师在教学过程中不断培养,要想提高学生的学习热情,教师需在学生学业上取得进步时,及时地给予相应的鼓励和表扬。同时,在学生学习出现某些问题时,教师也要给予相应的帮助和指导,与学生一同解决有关学习问题。对于教学内容,教师也要精心准备,并且,为了提高学生的课堂参与度,多组织一些小活动是活跃课堂的有效手段,借助小组合作等方式,提高学生的竞争能力以及学习热情。此外,从教学手段来说,由于并不具有相应的语言环境,所以我们要兼取传统与现代英语教学手段的优点,借助多媒体教学设备等手段,为学生营造良好的语言氛围。

5.强化教学反馈

教学信息主要来源于课堂的教学活动,所以,学生的作业情况以及学习成绩能够反映出真实的教学状况。因此,为了督促英语教学方式的改变,加强教学反馈是极为必要的。教师如果想要清楚地了解学生的学习情况以及自身在教学过程中存在的不足,就要合理地布置作业。作业一般有两大类型:一种是课外作业,由学生在课堂之外独自完成,是锻炼学生实践能力的有效教学方式;另一种课堂作业则要求学生巩固复习课堂上学到的知识,并加以练习。因此,在教师和学生对学习成果进行检验反馈时,作业就成为一个很好的选择。同时,对于测试方法也要不断完善。提高学生语言的实际运用能力,是进行英语教学的根本目的,随着语言实际运用能力的提升,可以为之后学生的深造、就业与求职奠定良好的基础。因此,教师不能只注重教学结果,这样会导致学生为了应试而进行学习的状况出现,而应积极调整相应的学习成绩测试方式,不仅使学习成绩测试更具灵活性,也能提高教学评估以及教学反馈的真实性和实际性。

三、媒体融合视角下的英语教学评估模式探析

(一)英语教学评估模式设计的理论基础及原则

1.英语教学评估模式设计的理论基础

英语评估模式设计的理论基础为构建主义学习理论。在展开网络教学时,需要坚持以人为本的教学理念。在构建主义方面,让学生主动构建知识意识,教师在学生知识意识的构建方面起到帮助作用;在教材知识方面,需要以学生主动构建为对象,并非教师所讲解的内容;在教学媒体方面,其更多的是属于学生主动学习、知识探索的工具,并非教师进行知识传授的方式。学生在知识构建方面与学生的学习过程之间存在十分密切的联系。学生在学习过程中要从自我监控、自我反思等方面出发,结合自己的实际需求以及个人情况进行及时调整,以更好地完成学习目标。

基于建构主义学习理论,网络学习者不仅能够自由进行学习方式以及学习内容的选择,提高学习进程控制的有效性,同时还能实现对学习状况的自行评定。在整个评估系统中,能够将现有的知识与课程学习之前的知识展开对比,使学生英语学习的信心得到显著提高。建构主义学习属于一个缓慢积累的过程,通过建构主义评估方式,能够实现对自身所建构学习结果和过程的有效评估。

建构主义教学评估体系更多地重视知识学习的过程,与以往只注重结构的评估不同,建构知识评估体系更为重要。在评估思想方面,需要立足过程,重视发展。因此,在网络教学评估方面,更多地重视形成性评估,结合学生在英语学习方面的教学活动、参与度以及考试等多种评估方式,制定针对性的评估要素和指标,采取综合性的评估方式对学生的学习效果展开全面有效的评估,最终使网络教学的实用性以及有效性得到保证。

2.英语教学评估模式设计原则

一是主体性原则,将学生置于评估主体性地位,通过教学评估,使学生能够提高在学习进程控制上的有效性,积极参与到整个评估过程中。二是激励性原则,学生通过形成性评估,能够对自己的进步有一个直观的感受,体验到成功的乐趣,激发出学生学习的动力,进而使学生不断发展提高。三是过程性原则,在教学过程中,需要将评估贯穿于全过程,不仅要满足新课程相关标准,同时还需要符合指导学习策略。四是多元性原则,整个评估过程包含问卷调查、学习档案、活动记录等多种不同方式。在评估主体方面,不仅要包含教师评估,同时还需要有学生的自我评估以及家庭评估,另外还需要重视学生之间的相互评估。在评估内容方面,不仅包含学生掌握以及运用知识能力的水平,同时还需要对学习过程中的态度、策略等展开评估。五是发展性原则,教师评估更多的是为了提高教学有效性,并不是简单地判断学生的优劣和对错,学生发展评估不能仅仅评估学生的学习状况,更多地需要强调学生的形成性作用以及学生未来的发展。六是开放性原则,评估的主要目的是促进学生的全面发展进步,通过多种不同的评估方式和评估手段,使学生的素质和个性得到显著提高,不管是在课堂表现方面还是在问卷调查、作业记录等方面,都需要始终保持公开性、开放性,即开放评估结果。

(二)以形成性评估为主的多维评估模式构建策略

1.课堂观察

课堂观察是教学过程中最基本的教学方法,通过课堂观察,可以最直接地了解学生的学习情况,其中参与课堂观察的老师,不特指任课老师,也可以是非任课老师。如果采用非任课老师进行课堂观察,则需要制定相对复杂的观察程序,从而保证观察质量的可控性,而采用任课老师进行课堂观察,则比较随意。通常授课老师在进行正常教学的过程中,面对课堂中出现的情况,不能做到实时记录,这时就需要依靠非正式观察方法。通过非正式观察方法,老师能够更好地了解学生的学习情况以及语言使用能力,通过观察,能够了解到学生的学习兴趣爱好,从而针对学生的需求来制订学习计划和教学内容。此外,通过课堂观察,老师可以了解到自身教学的有效性,通过课后的信息反馈来及时调整教学策略。

2.学生档案

学生档案的建立,可以帮助老师更好地了解和记忆学生的特长和学习习惯。

教师通过对学生学习过程的记录,开展分析教学工作,有助于老师提升自己的教学教研能力。学生档案中的信息收集,需要老师和学生共同来完成,在信息收集的过程中,加强了老师与学生的沟通,整个收集过程学生不再是被动接受者,而是变为主动评估者。

学生的学习成果、学习过程以及学习评估,是学生档案中主要记录的信息。学生通过学生档案可以直白地了解自身的学习程度,从而提高自主学习以及自主调整的能力,这是一个不断提高与反思的过程。同时学生档案中包含了对学生学习的评估,不仅仅是老师的评估,也包含学生对自己的评估,甚至是同学之间的互相评估,通过评估体系,不仅使学生可以对自己的学习进度以及成绩提高有一定的了解和认识,还能够帮助学生找到自己的优势和不足。与此同时,教师要在学生的自检过程中给予指导,帮助学生找到解决问题的办法。

3.师生交流

师生交流是学生和老师之间进行学术讨论和相互学习的主要手段,恰当的师生交流环节,能帮助师生之间建立良好的师生关系,同时拉近学生与老师之间的距离,有助于老师和学生共同成长和进步。建议老师和学生之间的交流语言采用英语,这样不仅能够锻炼学生的口语表达能力,同时还能够在交流的过程中进行学习,增强学生的学习兴趣。

通过师生交流,不仅使老师能够清晰地了解到学生的优势和短处,而且可以帮助老师及时进行教学内容以及教学策略的调整和改进。定期的师生交流,可以帮助学生培养发现问题解决问题的能力,同时,在课后的师生交流过程中,老师可以及时收集到教学信息反馈,有助于教师改进教学策略。

4.自我评估

英语教学中应当以学生为教学主体,所有教学内容的制定以及教学策略的实施,都应当以学生为主要出发点和着眼点。同时,对学生而言,要着重培养其目标感,帮助其建立学习目标,并且引导其制订学习计划,根据学习进度进行自评自省。自我评估对于学生提高学习成绩有着至关重要的作用,在进行自我评估的初期,可以由老师制定评估标准,在评估过程中,老师可以进行监督并引导学生发现自身的缺点和问题,并敦促学生及时进行改正。

第三章
基于建构主义的英语教学

第一节 翻转课堂

一、翻转课堂教学模式的特点

(一)依托信息技术,提前导入授课过程

从传统角度来讲,授课过程是由教师在课堂中按照教学计划、教学大纲的规定进行的教学活动过程,目的是向学生传递知识、技能以及使学生获得知识并吸收内化,且教育、规范学生的价值观导向。授课过程中,在教学目标、教学方案的指导和约束下,教学环节须严谨,组织活动须有序。课堂作为授课这一行为的载体,为教学提供了时间和空间的保证。在翻转课堂的理念下,授课过程不再依附于实体课堂,它可以在课堂教学之前提前付诸实施,这一过程需要借助信息技术和互联网服务的共同支持。

把教学过程提前录制下来,并不等于完全把即将发生的课堂教学过程一五一十地搬到摄像机前,而是对教师教学准备工作和在教学过程中的表现力提出了更高的要求。首先,从确立授课选题来说,将新的、需要系统解析的、有一定难度的知识点作为录制内容不失为最佳选择,显然,学生对这样的课程视频会更感兴趣,也更有可能愿意自觉观看学习;其次,从教学时长来看,需要对所授内容进行精炼、优化和整合,不能拖泥带水,要结构紧凑,干货满满;最后,在录制授课过程中对教师的专业素质要求颇高,需要教师为录课做好充分准备,认真打磨每一

个教学环节,推敲教学脚本中所使用的教学用语,把出错率和瑕疵降到最低。

另外,录制课程需要教师掌握多媒体信息技术,最简单有效的方法即课件录屏技术,并在制作好 PPT 之后进行讲解和录音。录屏的录课方式不仅简单易操作,无须额外培训,省时省力,而且对学生而言,镜头只限于 PPT,有利于学生专注于课件本身,避免分神。若要打造高质量的课程,还可以依托专业技术团队,在多媒体录播室录制,经后期制作后再投入使用。但无论采用何种录课形式,归根结底,课程的质量都取决于选题创意、表述逻辑和环节设计等核心因素。课程的信息化表达是教育教学发展的重要突破,学生通过互联网技术在终端接收教学视频并由此提前介入课堂教学,通过认真学习、了解并熟悉了教学的重点、难点和教学目标、教学安排等详尽教学信息,为实体课堂的功能提升提供了有力保证。

(二)颠倒教与学的次序,重新构建学习流程

自古以来,教和学的次序如教学一词一样,先有教后有学。为了学而教,因为有教的呼唤,才会有学的回应。传统的学习过程强调的是教的绝对权威,忽略了学生作为学习者应是学习活动的主体,应当成为学习过程的主导者。

翻转课堂教学模式主张在上课之前发布所要教授的重点知识讲解视频,使学生能够提前参与到教学活动中,给了学生充分的学习空间和自主权,自行安排视频学习。在这个过程中,学生首先需要具备一定的学习能力和认知能力,才可以凭借自己已经习得的相关学习经验和知识架构来尝试完成对视频中知识的理解和掌握。在没有教师与学生面对面的交流互动环境中,实际上,学习变得越来越独立,越来越具备主动性,它包括学习者的思考、发现问题、解决问题或不能解决问题等每一个环节的学习动态。与此同时,教的行为则逐渐弱化,退居次要地位。学生在视频学习的整个过程中会有不尽相同的感受和反馈,可能是完全认可并接受视频中传递的知识、观点或解析,从而顺利完成后续的相关任务和测试;也可能是一知半解、心存疑虑;还可能是一种更好的结果,即在理解的基础上进一步探索和举一反三,进行批判式思考,找到问题更多的解决方案或新的角度和思路。

一般来说,针对某一知识点进行讲解并录制,并不是视频教学的唯一内容,也不足以将课堂成功翻转。因此,合理设置与主题相关的活动和任务可以帮助

学生及时发现学习中的问题,同时也会在第一时间把学生自主学习的情况和成效反馈给教师,便于接下来教学进度的安排和内容的调整。

学习过程包括两个主要阶段。第一个阶段是知识的传递,通过教师与学生之间的互动来实现。第二个阶段是对知识的内化,通过学生课后复习、大量练习和积极思考逐渐完成。内化所需时长因人而异,但无论用时长短,内化过程中遇到阻碍都会增加学习者的挫败感,以至于减弱学习兴趣,破坏学习动机,让学生缺乏成就感。翻转课堂重新建构学习者的学习过程,把知识传递放在了实体课堂前,即使学生在这个阶段碰到了难题,他们也会有更多的时间和精力不受限制地去对视频进行暂停、回放或重播,进行冷静思考,这是实体课堂教学所不能实现的。另外,即使学生最终无法独立解决问题,也会比在实体课堂上更能从容应对,更能重拾信心,把问题留到实体课堂中去跟同学探讨或向老师求教。即使内化没有成功,但是经历过尝试内化的过程,已经使知识点在很大程度上与学习者的思维有了融合,距离新知识的建构已不再遥远,于是课堂讨论变得有的放矢,更有深度和意义。此举化被动为主动,对学生的学习动机和学习热情是一种保护和激励。那么,课堂即可转化为促进知识进一步吸收与内化的场所。教师和同学之间的交流和互动,就可有针对性地解决学生的困惑,鼓励学生的个性化自主学习。

总而言之,学生通过课前的视频学习并掌握第一手教学资料,可在整个学习过程中占据主体地位,让学习成为自主的知识获取过程,而非被动的知识填灌。由于自主学习实施的时间和空间自由,学习的内容可以更有深度和广度,不必局限于教师的思路和教学步骤,自主学习之后的课堂交流互动环节使自主学习的效果得到了及时的检测和评估,使教师的教学更能因材制宜,提高课堂利用率,从而推动新学习流程的建构。

(三)改变教学主导模式,重塑师生角色

1.发布的学习内容

从发布的学习内容来看,虽然是由教师来依照教学计划选定教学内容并设置相关教学活动,但学生可以对学习的内容有自己的具体安排和取舍。例如,所授知识点恰好是学生已了解和掌握的部分,又或者是学生用很少的时间便可以熟练掌握并能够灵活运用的部分,学生则可以按照自己的实际学习情况和需求来确定视频学习的时长和所需投入的精力,灵活使用教学视频,把更多的精力放到有助于进一步提高学习的实践中。从另一方面来说,接受能力稍微弱一些的学生可以自行决定对某一有待突破的点进行反复研究和尝试,进行相关的资料查证,或与同学展开探讨。总之,因为学习者的接受度和理解度等方面的个体差异,进行因材施教的个性化学习可以大幅提升学习效果。对教师而言,提供注重学生学习差异的课程指导和协助,而非一竿子到底的统一模式教学,才是对学生的进步非常有帮助的。

2. 学生的学习动机

从学生的学习动机来看,启动学生内在的驱动力才会从根本上治愈学生学习积极性不强的顽疾。翻转课堂教学模式给了学生更多的尊重和选择的权利,无论在知识传递的方式和表达方式上,还是在与学生的交流互动方式上,都尽量从适合学生的角度出发,尊重年轻人的阅读和娱乐习惯,借助多媒体信息技术制作课件并录制课程,再通过互联网传输到学生的屏幕终端,以新颖独特、简洁易懂甚至风趣幽默的动画形式解析难点和重点,无形之中拉近了与学生的距离,减少了学生对学习的排斥或厌恶。尤其是在有了课前教学视频的自主学习的基础之后,实体课堂中教师“从头讲到尾,学生从头听到尾”的严肃死板的现象一去不复返,教师会以更轻松的状态来面对学生。相应地,学生以更自信、更大胆的状态来参与课堂,参与到与同学之间的有效互动中,对教师的适时指导也会更加关注。此时,学生的学习动机不再是外在的、被动的、转瞬即逝的;学习积极性和参与的热情不仅是内在驱动的,还会持续下去,自律性也随之增强。

3. 学生和教师的关系

从学生和教师的关系来看,教师从绝对的知识权威和教学活动的主宰地位上退居一隅,以更平等的身份看待学生,设身处地为学生着想,尝试了解并把握每一个学生的学习水平和接受程度,为学生量身打造学习进度和个性化指导。学生在翻转课堂的教学模式中不再被动地接受知识的传递,而是在教师的帮助下进行独立思考,举一反三,开启深入学习甚至实现创新。在新的互动交流中,教师和学生分别享有平等的话语权,可以更平和地探讨问题,不再受缚于教师的严肃身份,学生也可以在教师的有序组织下自由表达,实现课堂上的集思广益,畅所欲言。

二、翻转课堂指导英语教学的可行性

（一）英语教学困境

近年来，英语作为高校基础课程的课堂学时被逐年缩减，大约只占思政类课程的三分之一，但教学任务却有增无减，对学生的学业完成要求也相应提高了不少。面临时间少、任务重、要求高的棘手现状，英语教学遭遇了前所未有的挑战。

英语同语文学习一样都需要付出足够的时间来进行听、说、读、写的大量相关练习，这些练习在很大程度上是依赖教师指导的。以听和说为例，在听力中会遇到需要提醒学生特别注意和克服不同的问题。例如，没有辨别出句子中的连读现象导致不能获取有效信息，或是因为思考的二次迁移导致未能做出正确判断，这些问题需要教师实时把握，及时给学生发出提醒和归纳总结。这些指导与规范因人而异、因材而异，无法统一范式，统一方法，课时的严重不足给教学的顺利开展带来了很大阻碍。口语练习不仅要对语音、语调进行纠正和指导，还需要从说的内容上给予规范和引导。再加上大部分学生因为从前没有机会张嘴去说英语，也没有在课堂上展示自己的经验，还有的学生因为害羞、胆怯不敢尝试，这些情况格外需要教师给予极大的耐心和鼓励，利用适合学生的提问方式和答题方式鼓励他们走出第一步。为了促进学生的学习热情，所以需要增加课堂趣味性，这也是为什么语言学习离不开各类活动的开展和学生之间的互动，但这对课堂学时的时长也提出了更高的要求。语法、语用、语言等技巧类的知识点讲解不仅耗时较长，还需要与学生之间实时互动，及时把握学生的接受程度以调整讲解的方法和步骤，纠正学生的语法或语用错误以及理解误差，但有限的课时使这些最基本的教学环节难以按质保量完成。

学生来自五湖四海，在中小学时期接受的英语教育水平也有很大的差异。来自经济较为发达地区的学生，英语听说水平相对较高，而来自贫困落后地区的学生，听说水平均大幅度低于均值。造成这个水平的差距主要有以下三点。

1.发达地区的中小学更重视外语学习

在硬件设施和软件资源方面，能提供给学生极佳的学习环境；在师资配备方面，学生会接触到英语专业能力和素质较强的教师。而贫困地区缺乏良好的师资配备以及数字化教学设施的保障，学生无法享受到和经济发达地区学生同样的学习资源。

2. 教学理念的差异、经济发展的快慢在很大程度上影响着当地外语教师的教学理念

发达地区的外语教师更有可能从经济全球化对人才培养的要求和全方位人才培养方向的角度来指导自己的教学，会从推进学生英语全面发展的目标出发调整并确立教学计划和教学方法。落后地区的外语教师可能因为当地的经济条件等现实问题，无法顾及更长远的打算，更看重的是学生的卷面答题能力，而非其他暂时不会影响到学生升学成绩的能力培养，导致学生从接受英语启蒙开始便将它当作一门普通课程来学习，错失了这门语言最基本、最正确的学习方法。

3. 学生对自身的要求和学习意识也有很大差异

经济发展较为落后地区的学生一直以来接受的外语教学方法无异于其他人文社科类的课程，即通常靠着自身坚持不懈的意志力、机械记忆、题海战术等达到一个较为理想的卷面成绩，但始终对这门课提不起更多的兴趣。学生之间更不会有机会或可能性来进行口语的练习，也没有意识去听英语新闻或是通过看英文的纪录片来了解更多的背景知识。而从小接受更优质的学习资源和先进的教学理念的学生会意识到语言实践和应用的重要性，学校日常的英语活动，比如，讲故事、演讲、表演话剧等，早已潜移默化地帮助其形成学习英语的良好习惯和高标准要求。

语言学习是需要语境的，如果只依托于教材中的课文、单词、课后练习题和单元测试的学习有悖于语言学习的方法和规律，也不会达到语言学习的要求标准。一个很有说服力的现象可以证明这一点：在国内的各级各类英语教育中，即使一个颇为用功的高中生，其所掌握的词汇量和英语的实际应用能力远不及一个小学中高年级学生在英语文化的国家就读一年所达到的语言水平。日常生活的交际活动才是学习语言的最佳、最直观的场所，通过日常会话以及人与人之间的交流，学习并使用一些句子去表达不仅可以学以致用，加深印象，还是语言学习内动力形成的有效催化剂。只有确实需要用，才会有学的迫切感，这样的感受在传统的英语课程授课环境中是很难建构的。课文内容所基于的文化背景需要在教师的指导下，由学生自行进行关联，被迫创建语言使用环境，那么，对英语学习缺乏兴趣的相当一部分学生在教学之初就处于不利的学习环境。语言环境的不足是英语教学所面临的亟须改善的现实问题。

当前英语教学面临最突出的问题就是班级规模大,学生数量多,教师数量配备远远不足,师生比例严重失调。基于以上提到的几个问题,教师在教学中遇到的困难就会翻倍,难以有效开展教学活动。外语教学更讲求师生互动、学生之间的交流和协作,无论是课堂上的小组讨论,还是课后任务的检测与批改,教师都无法做到有效指导和高质量批复。另加上学生学习水平参差不齐,实施的教学内容无法充分考虑到不同的学习需求,教学质量也无法令人满意,更因为课堂时间有限,不能进行有针对性的个性化辅导和指导。外语课堂学生数量严重超标,学习环境也会在无形中破坏掉应有的语言学习氛围,使原本对大学外语课堂有很多期待的学生逐渐丧失对英语学习的热情,进而随波逐流,依靠吃中学时期积累的"老本"来对付必要的考试。对于那些基础较弱、学习自觉性不强的、需要更多督促和指导的学生,教师无暇全面顾及,导致这些学生因不能得到足够的关注和重视,得过且过,更容易破罐子破摔,问题越积越多,最终对这门课程再也提不起兴趣来。

(二)培养学生独立思考的能力

在学生的自主学习能力中,最重要的是独立思考能力。在这个知识爆炸的时代,遇到问题不管难度大小,第一时间求助网络仿佛成了人们本能的举动。互联网的迅速发展给我们的学习和生活带来了巨大便利的同时,也剥夺了学习者独立思考的机会和给出创造性见解的可能性。不思考或不做深度思考,已经成为学生普遍的学习状态。

英语教学的目标不只是传递知识,还包括培养学生的语言逻辑思维和文化传播能力。在英语学习中养成独立思考的习惯,需要学生做到以下几点:一是遇到需要创造性地加以解决的问题要第一时间去思考,而非通过网络摄入大众习惯性观点,要增加专属的独立思考时间;二是善于观察,多问为什么,不局限在一个特定的思维中,学会从新的角度出发思考问题,多维度思考,而非被动接受;三是不断加大知识的输入,多读书,拓宽自己的阅读面;四是养成质疑的习惯,但质疑的前提是积极探求质疑的依据,而非空穴来风;五是要保持专注,一心一意地思考问题,不受外界影响,不三天打鱼两天晒网,要有意志力;六是养成做笔记的好习惯,并及时对所做笔记进行归纳整理,使碎片化的知识点串联起来,建构自己的知识体系,以备随时调用。在翻转课堂教学环境下,英语教学从时间和空间方面都保证了学生拥有独立思考的机会,让学生可以摆脱思维定式,不再只是一味顺从地接受知识的传递,人云亦云,而是可以从问题中走出来,站在新的角度去重新审视,尝试以新的标准来看待问题,从而提出创新性的解决方案。

在传统教学中,教师为照顾一部分没有按要求做预习的学生,出于保证教学质量的需要,全然忽略了大家是否做过深度预习,便"眉毛胡子一把抓",伤害了一部分学生的学习积极性。在翻转课堂教学环境下,学生为了达到实体课堂参与的要求,需要提前完成对教学视频和其他教学资料的自主学习,而自主学习的成效在很大程度上受到独立思考能力的影响。自主学习中所表现出的独立思考能力决定着学生对自主学习的态度,具体来说,就是学习的积极性和对学习成果的要求。除了教和学次序的颠倒,翻转课堂教学与传统教学最大的区别就是,学生所学内容的体量不同。如果把传统课堂教学比作一碗水的知识量的话,那么供学生自主学习的视频教学资料需要有一盆水的体量;从质量上它可以被称作是一种被浓缩了的用于引导更广、更深的学习探索的精华。语言学习不只是语法、语用的表层学习,在学习每一个单元的过程中,较低要求包括掌握文章大意、学习单词语法、长难句分析等;较高要求则是要学习文章的写作技巧和对相关主题的听、说、读、写能力的训练。学生在自主学习过程中会不自觉地选择一个适合自己的学习标准来完成,而接受能力较好、对自己的学习有要求的学生可能选择较高的要求,作出这样的选择需要的是更多独立思考的空间和时间,这是传统实体课堂所不能提供的。正因为学生有了更多选择的权利,对实体课堂有了更多具体、更现实的期待,学习积极性就会被调动起来。

因为学生语言水平的差异和接受程度的不同,对不同类型的问题也会有不同程度的反馈。例如,只涉及浅表的字面理解即可得到答案或是只需参照模仿即可完成要求的任务,无论是哪种学习程度的学生都可以轻松完成,但如果所有的问题都不需要学生花费一定的时间和精力去做深度思考,那么就会使学生失去独立思考的机会,忽略独立思考的重要性,对成绩较好的学生来说会产生厌倦心理,打击其独立思考的积极性;反过来,问题情境设置得太难,学习水平一般的学生就会受自身能力的限制,无法施展独立思考。因此,在实体课堂中,教师创设的问题情境需要严密配合学生的自主学习要求,要有一定的层次和坡度,要考虑到学生的基础和能力,尽可能照顾到学习程度不同的学生,满足不同层次学生独立思考的要求,做到需要学生踮起脚来,或是跳一跳才可以够得到的程度。

(三)培养深入研究的能力

1. 查找资料的能力

在学生学习查找资料之前,要明白为什么要查阅资料、查阅什么样的资料、怎样可以快速查到资料、查到资料要做什么;也就是说,学生首先要搞清楚自己的研究目的、研究问题、研究意义和研究方法。深入研究不等于多思考一会儿、多说几句、多写几句,它有着规定的范式。在文化类的主题学习中,指导学生查找资料包括确立关键词、推荐权威数据库和网站资源、辨别资料良莠、筛选有用信息、标记资料出处等。学生在资料查找的过程中逐渐明白了查阅资料的重要性和人文学科研究的重要步骤和方法,进一步养成了科学查阅资料的好习惯。

2. 资料的使用方法

学生面对查阅而得的资料,首先要明白不能占为己有,不标明出处而直接照搬照抄是研究的大忌。学会分析、梳理、归纳所得资料,并做出相应的阐释是学生学习研究的第一要务。在认真阅读并归类之后,需要找到符合并可以支撑自己研究的有用观点和例证,提炼出要点,并做出适度总结,从而使自己的研究有相关的文献综述和研究基础,以免让研究成为空中楼阁。

3. 尝试提出自己的观点

在分析、归纳有用资料的过程中,尝试抽出自己的观点和想法,可以从新的角度提出新的问题,也可以从旧的角度提出不同的看法。研究可以是纵向深入的,也可以是横向拓展的,独立思考进行得越深入,收获就会越大。总之,不简单地充当资料的搬运工、不被动地接受知识的传递是学生应该遵循的研究思路和研究精神。从最初比较浅显甚至是稍显稚嫩的观点表达开始做起,假以时日,所提的观点会越来越有深度,所使用的研究方法会越来越严谨、有效,由此创新性也会越来越强。在外语学习中培养学生的研究能力,是外语教学所追求的高级目标。

(四)提升课堂功能

古今中外,课堂教学是各级教育传统教学中学生获取知识的主要途径和场合。通过课堂和学生的有效实时互动,将知识顺利传递给学生,是教师教学任务完成的标志。当英语课堂教学的时间被大幅压缩后,若要不影响教学的质和量,知识的传递和内化已经不能再依赖于有限的课堂时间,因此,课堂的旧功能随着现实的催化退出舞台,随之课堂被赋予的新功能悄然而至。

翻转课堂教学强调先学后教,要求学生在学的过程中独立思考,自己发现并记录难点,找到自己学习中遇到的困难,并提前通过完成测试或其他任务来进一步确定未掌握的知识点、学习中的不足之处和有待努力的方面。有了这样的提前自主学习的保证,学生在进入课堂后身份和角色有了根本的转变,课堂的参与度明显提高了,对课堂也有了更多期待。此时课堂的设置要充分考虑学生的需求和期待,在活动设置、问题情境创设和时间把控上都应有详尽周密的安排。课堂上教师不再讲授基础知识点,不再对课文文化的背景知识进行导入,也不会逐字逐句的讲解课文。反过来,教师会针对学生在学习任务和测试中的表现去设置问题,或者是对学生的学习接受程度作出预测性的情景创设,让学生可以有效利用自己课前通过自主学习所获得的知识来更好地融入课堂。如此一来,在自主学习中做到深度思考的学生会直观地感受到课堂的高效和教师指导的必要,而没有按质保量进行自主学习的学生在课堂上参与度很低,找不到听课的方向,很难参与进来,这种两极分化的现象更凸显了完成自主学习任务的必要性。

在课堂中,组织主题内容延伸的小组讨论和小组展示也因自主学习地进行而有的放矢,更具实际意义和效果。学生在讨论中变得有话可说,有理可辩,把在自主学习中获得的语言点直接应用到讨论中,不仅做到了及时学以致用,还避免了学生临时抱佛脚,通过查手机随意拼凑不地道的英文表达、错误百出的尴尬。正因为有话可说,讨论便可以不再只停留在浅表的层面,而是可以深入下去,学生在这个过程中不仅可以尽情表达自己的所见所想,还可以就他人的发言发表意见,从根本上改变流于形式的小组活动,使课堂真正活起来,促进学生自主学习的积极主动性。

第二节　微课

一、微课的特点与制作

微课,顾名思义,是以微型教学视频为载体,针对某个知识点或教学环节而设计的一种情景,作为在线视频课程资源,支持多种学习方式;是一种可控制的多媒体教学形式,学生可以自由决定微课的播放时间和速度,实现个性化学习。大多数微课视频在时间长度上一般都为5～8分钟,之所以控制在这个时间范围内,有两个主要原因:微课之所以称为微课,首先指的是它短小精悍,形式虽小,功能却很强大,对一个具体的知识点讲解几分钟即可说明问题,时间过长反而有赘述和不简练的嫌疑;其次,这个时间长度不会超出人对电子屏幕不感兴趣的可容忍时间,也符合激起人的兴趣以及关注的有效时间。要知道在过去的十年间,屏幕时间的不断增加使观众的眼睛越来越挑剔,学生会花几个小时的时间来看屏幕,但其中很少会与学习活动有关。

在短时间内抓住学生对某一知识点的兴趣度成为微课教学设计的难点。若想微课教学视频不被学生排斥,那么时间长度的把握尤为重要。而微课的呈现时长特点决定着制作微课时选题要缩小范围,尽可能具体到一个十分细微的知识点,然后再由点及面,展开来讲解叙述。在脚本制作过程中,教学内容的展示方式是优先考虑的重点,以何种方式来呈现决定着微课视频的教学效果。教学内容被高度提炼、整合,任何的拖沓、冗长都不利于视频的高效表达。当然,从叙述风格来讲,不同于影视作品,微课教学要最大限度地减少留白,有条理、有逻辑地说明问题才可算作精品。

从选题内容来看,制作者会因微课教学视频的用途不同而有不同的侧重点。用于参加比赛的作品往往出于对竞赛角度的考虑,题材新颖独特是选题的优先选择;而用于日常教学时,选题会以辅助课堂教学为首要目标,以实用性更强为主要特点。无论出于何种出发点进行微课制作,共同的特点都是对学生有帮助的或是学生喜爱的话题和内容,一般为教学中常见的、典型的或有代表性的内容或问题;从设计方式来看,作者往往是把一个很具体、细化的知识点从一个很小的点来切入,而对这个切入点的把握则是整个教学视频的点睛之笔,至关重要。正所谓"由点及面,点中见面,娓娓道来,环环相扣",由此,一个艺术品就此诞生了。

微课视频的有限时长其实掩盖了它制作的真实难度:从选题到思路,从脚本到台词,从动画设计到台词推敲,无不浸透着教师的无限努力和付出。不同于传统的备课过程,教师在着手制作一个微课视频之前,必然要经过层层筛选话题、反复推敲、厘清思路的艰辛过程。只从选题这一项来说,就已经既耗时又耗精力,更不用说在处理技术时所付出的艰辛了。所以,这短短几分钟的背后是大量的脑力和体力投入,以及知识架构的沉淀和累积,所呈现出的作品往往设计构思新颖,富有创意,教学方法形象生动,启发引导性强。制作微课的过程可以说是教师从教书匠变成编剧、导演、演员、幕后等身份集于一身的转变过程,付出的精力远大于准备一节传统的精品课程。因此,与其说微课教学视频是教师的一节微课程,倒不如说是教师多年的教学经验与学识结合的风采展现,正是这样的良苦用心促成了微课作品的使用价值。利用好微课教学视频就是把握住了更多的优秀教学资源。

二、微课应用于听说教学的优势

(一)平衡教学资源,促进教育公平

受时间和空间的限制,传统课堂教学活动并不是单项存在的,尤其是语言教学,要有师生的互动才可以顺利完成,而教学尤其需要如此,互动的程度决定着课程的目标是否达成,教学效果是否顺利实现。在"互联网＋"时代,微课资源所依赖的平台是不受地域和时间限制的,而且这个新兴事物多属于网络免费公开课程,没有设立准入门槛,无论何时何地,学生只要可以接触到网络,都可以享有这些学习资源,微课教学视频无疑成为真正实现教学资源共享的主力军之一。在我国,受地域经济发展不平衡等因素的影响,教育资质在不同级别的城市也大相径庭。在教育资源极度不平衡的现实环境中,微课平台打破了地域和学校的级别门槛,给学生提供了平等求取知识的平台,也给教师以展示自身才华、取得业务能力发展的机会,这是一个双赢的契机。新时期的英语课堂要求的已经不只是教学相长,学生通过互联网获取更优质的课堂资源,找到更适合自己学习情

况的学习资源,不再被禁锢于学校或某个教师的课堂;同时也有利于不同学校的教学工作者互相汲取教学所长,探讨教学经验,互通有无,共享优秀的教学成果;最终应用于实践教学,助力实体课堂,从而造福学生,实现知识共享、相互融合的教学大格局。

微课教学视频的大量涌现,有效地弥补了因地域差异、知识结构不完善、教学工作者自身教学能力或精力有限带来的语言教学效果欠佳的遗憾,也由此在很大程度上促进了教育资源的配置优化,从根本上提高了高校的课堂教学质量,促进了教育公平,同时也进一步解决了教育需求多样性带来的问题,推动了学习资源便捷性的进程。目前我国国内几大微课大赛平台方兴未艾,推出的大批分门别类的优秀获奖微课作品,更是丰富了这种开放式资源共享模式,使教育资源共享、知识共享的教育大格局得以加速实现。

(二)移动学习属性,支持多样化学习

听力和口语的学习贵在长期坚持与大量练习。语感的培养不仅需要大量的精听、朗读,更是需要学生去模仿、对比自己的语音语调。实体课堂中教师的指导和示范无法延续到课外,对学生在课下的练习无法起到及时的跟踪辅导作用。这种情况下,学生需要如同字典一样的可视化工具书来随时查阅、对比。微课视频以某一个具体的难点或重点为主题,具有便捷、分类明晰、简明易懂等特点,对学生的课外学习来说不可或缺。

微课教学视频没有播放次数的限制,可以反复观看。利用微课教学视频进行自主学习不受课时的约束,也不受上课时间的约束,学生可以根据自己的时间来进行学习,可以使用形式多样的设备在网络终端进行自主学习,缓解了当前在全国范围内公共课课时急剧缩减带来的问题,在课时紧缺的教学现状中彰显出其特有的优势;不受空间地点限制,支持多种方式参与课程学习,学生可以在教室或阅览室等任何有互联网的地方进行课程学习,满足了不同学习个体的个性化学习需求。不再被课时牵绊的学习实际上将课堂时间延伸到了课外,将更多的学习主动权交给了学生,激发学生的自主学习意识和内动力,把进行课程学习更广阔的平台交由学生,让其自行合理安排学习时间,也可以反复回放难点或重点,这是传统课堂所不能实现的。而选取或制作与课程相关的微课教学视频对教学计划的顺利实施大有裨益。

因此,课程学习不再局限在课堂,学习时间实现了自由延伸,而在课堂有限的时间可以被更高效利用。由于学生已经在实体课堂开始前了解需要学习的内容和知识点,所以会更主动地参与到相关话题的讨论中,做到"有备而来,有的放矢"。这不同于普通意义上的预习,预习主要是靠学生自身的学习经验积累,而微课的自主学习是建立在专业的指导之下,更有助于学生内化知识,在学习的过程中发现问题并加以创造性地去解决问题,提高学生课堂参与度。

(三)方便教学表达,更具稳定性

微课区别于实体课堂的授课过程主要表现在教学内容的选取、授课方法、表达形式以及授课时长等方面。与传统课堂教学过程相比,微课在便利性、稳定性和课程质量方面更占优势。

在英语听说课程教学中,教师可以针对任意一个需要学生特别关注的知识点、难点或需要学生反复跟读与练习的内容制作微课视频,并采用微课的表达形式。这更符合当下年轻人从网络上通过短视频获得信息的学习习惯,容易激发学生的关注和兴趣。另外,把重点和难点做成微课视频,避免教师重复讲解,既节省教师的精力,又避免占用课堂更多时间,可以照顾到有不同学习需求的学生。对于学生不擅长的难点,也能通过较为轻松的表达方式,减少学生的畏难情绪和排斥心理。

授课质量的评价标准,包括是否有效传递知识以及是否可以成功引导学生在授课内容相关的领域进行批判式思考,并做出进一步研究甚至是引发创新。有效传递知识指的是,学生接受知识并将其内化,最后纳入自己的知识体系中。而若要使知识传递的过程更为顺利,需要对所要传授的知识点进行剖析,理清讲解的思路,为了增加趣味性,还要考虑表达的方式是否新颖独特。

在实体课堂中,由于学生的反应和教师本身的状态,再加上外界多种因素的变化,整个课堂情景不一定完全按照原计划发展,包括教师的教学用语和讲授过程中的表达顺序、表达逻辑等都会或多或少地出现和最初预定版本之间的差异,这些差异有可能是积极的、有利的,也有可能是冗余的、不利的。而在微课教学中,这些差异不会出现,因为一切都是精心准备和提炼的,由于授课时长很短,其过程自然是经过反复打磨、推敲的,所以这样的授课过程更具备稳定性和可靠性。微课教学视频的制作需要将教学过程浓缩,去除烦琐无用的环节,每一帧、每一句话都需经过教师的深思熟虑,授课版本更成熟稳定,从知识传递的质量来讲要远高于精心准备的实体课堂。

三、微课应用于英语听说教学的路径

(一)推行任务式自主学习

1.定期发布微课教学视频和相关配套资料

教师依照教学计划,把知识点中的重点、难点或讲解时耗时较长或需要学生花一定时间来掌握、理解并练习的内容借助微课视频的传播途径,在平台上(可以设定学习视频的经验值,鼓励监督学生完成自主学习任务)定期发布,让学生根据自己的时间进行自主学习。这样一来,课时紧缺的问题就迎刃而解了,学生也有了更多的自由空间,根据自己的学习情况来决定学习视频的时间和地点。把微课教学视频及配套资料通过云班课或 QQ 群发布给学生,供学生自主观看和学习,不同于传统意义上的让学生简单地做预习。预习很多时候似乎是盲目的,而在微课的指导下,学生的自主学习是有目标、有计划、有步骤的。学生不仅提前了解并熟悉了教学计划和教学重点,还有充足的时间进行思考、内化;在真实课堂中也不再只做被动听课的观众,而是有了动力想要做参与者,会对课堂学习更有自信和期待,课堂参与度也会更高,渴望对知识进一步深化理解和把握,对学生的学习效果有着很大的促进作用。

利用微课进行自主学习,不仅可以不受时间和空间的限制,还可以持续享有整个教学过程,弥补了个体之间学习的能力和习惯的差异。学生可以在课前和课后多次重复播放教学视频,可以满足自己在学习中的个性化需求。比如,回看自己感兴趣的内容,或是感到困惑的难点,也可以在专业的指导下针对自己的弱项反复练习。这从很大程度上解决了听说教学课堂时间有限,学生水平参差不齐主要因为没有进行充分的准备和练习而无法将理解与表达同步进行,导致学生的课堂角色缺失、学习效果较差等问题。在自主学习中,学生带着教师给定的任务学习视频,在观看的过程中可以暂停视频进行思考和跟读,也可以与同伴探讨学习中遇到的问题,不受课堂纪律的约束,不必延迟讨论,把学习的主动权交还给自己,最终让知识和技能得到深化理解和吸收。另外,微课的优点在于耗时短、内容精、形式新颖,跟传统的预习材料相比,不仅更系统、指导性更强,还可以从更大程度上激发学生主动汲取知识的兴趣和学习潜能,为实现知识的最大化传递和进一步内化起着重要的桥梁作用。

2.开展小组活动,鼓励协作互学

开展小组活动的首要前提是小组人员的选定和分配,如果人员组建合理,对小组活动的顺利开展和成员的进步都有着不可忽视的作用;反之,如果小组成员的学习能力和协调能力等方面结构不合理,会在很大程度上影响团队合作,阻碍自主学习任务的顺利完成。在自主学习的环境下,学生之间的互动不仅仅限于互查互评、互相监督、结伴操练、参与对话等;更多的是互相启发、集思广益、共同进步。

因此,在学期之初,教师会留出特定的时间用来组建小组,中期会设置一些让学生参与互评的活动,根据大家的意见和建议以及学生的表现情况,进行小组成员的调整。小组可以由学生自己来组建,以教师的建议为辅,为根据学生的学习能力和学习兴趣来指定,成员的结构适当呈现层次,避免成绩优异、积极性高的同学一味抱团,而排斥有一定积极性但语言学习能力暂时较弱的学生。把自主学习任务以团队为单位布置分配下去,可以激发学生的学习积极性和主动性,避免养成拖沓的坏习惯。以小组为单位进行课程讨论、校正把关、成果汇报等活动,可以集思广益,增强学生的学习责任感,在与小组成员的交流中答疑解惑,不故步自封,自查自省,寻找灵感与创新;在互动的同时学会倾听和包容,学会合作与互助,发现问题并正视自己的问题,最终找到适合自己的学习方法;在掌握知识的同时,学习如何学习和思考,获得技能上的提高和更高效的学习体验。

(二)创建语言应用情境

语言的本质在于应用,离开了应用情境,语言便成了无源之水,只有在应用中才能获得语言使用的真谛。语言学习不只是学习语言本身,而是要依附于特定的情境。不同情境下的相同语言也可能有不同的意境和内涵,而没有情境的语言表达也常常会模棱两可,晦涩难懂。因此,学习外语的过程也是我们构建一个又一个情境项目的经历。这些情景项目可以是一个定题演讲、情景对话、话剧表演、访谈、定题辩论、汇报展示,当然也可以是一个项目;将知识点和语言技能融于具体的情景来学习如何使用,是练习听说能力的基本方法,而对情境的构建也是学生运用语言进行真实交际的需要。微课视频教学应用于听说教学翻转课堂的价值在于这种授课形式给学生带来了最真实全面的情境,而且这种情景并不只是将学生视为客体;相反,学生在教师所提供的情景中是真正的主导者和参与者。

在实际操作中,微课视频教学并不只把教学内容提前给了学生,还颠倒了"教"与"学"的时间,把课堂交给了学生,让学生真正参与到学习任务中,是为了更好地教,让学生了解到我们的教学目标和重难点,在完成任务的同时,逐渐完善相关技能。因此学生在自主学习时不是盲目的,而是有导向的,带有明确目的性的。例如在传统的课堂中,如果想要学生就一个话题做对话,通常的做法是:列出对话样例、总结出可能会使用到的重要表达,等学生读几遍之后就要在课堂上和搭档编排自己的对话,然后展示给大家。这样的模式弊端很大:首先,学生在有限的时间内,根本无法从客体转换为主体。并不是学生不愿意参与进来,而是没有能力和信心参与。因为在短时间内,学生还无法准确把握对话的语境,即便简单了解了涉及的文化背景,也无法彻底领会中西文化的差异,毕竟了解和把握是有差距的,是需要时间的。学生来不及把知识内化、加固,也就无法以理想的状态来输出。其次,对所涉及的语音、语调、俚语、习语等没有系统的学习,造成知识面的断层,相关技能没有连续性,不能举一反三,从而影响全面理解和应用。最后,没有足够的时间进行更为纵深的探究,无法做到批判式思考,更谈不上举一反三,也没有独到的见解。相反,在微课视频教学中,可以将背景知识、需要系统讲解和分析的内容提前发布给学生,学生在真实课堂之前对所要学习的内容已经有了整体的把握,在课上参与情景活动时是"有备而来",会增加融入课堂的信心,更好地展示自己的诉求,而教师在课堂的有限时间里则可以更多地关注学生知识的薄弱点和出现的问题。教师在这个过程中,不再是教学活动的主体,而是一个主持者和引导者,指导学生进入更高效的学习情境中去发现问题并解决问题。

有效地提供真实的语用场景,让学生"有话可说",并且还要说得地道。本着先输入,后输出的原则,让学生先"学",老师后"教",正因为教和学的颠倒,才让教更有针对性,更有效率,让学生更加主动,更加具备思辨能力。在这个新的模式中,教师更像是一个主持人去把控和教育课堂,找出可以有效地激发学生学习兴趣的任务,创设出足够生动的问题情景。学生对真实情景中发现及表现出来的问题进行探索,其自主学习能力、批判思维能力、团队协作能力才能得到最根本的提升,从而实现深度学习。在项目式的翻转课堂模式下,引导学生主动发现适合自己团队的项目并主动承担责任去完成项目要求,也是教师对情景的一种搭建模式。考虑到不同专业学生学习接受能力的差异,实施适合不同学生群体的项目计划,确保其真正参与其中的能力和信心。例如,对于体育、音乐等艺术类的学生,不能强求他们从和其他专业的学生一样的学习高度开始,可以适当降低标准,从学生的角度出发,找到他们感兴趣的,跟自己所学专业相关的主题入手,逐渐培养其英语学习的能力。因材施教,具体问题具体分析,不放弃、不嫌弃任何目前英语学习程度较弱的学生,帮助其从困惑中走出来也是翻转课堂的一大优势。

借助网络信息技术,合理使用交互式英语网络自主学习平台,给学生提供课下自我评估的线上平台,人工智能技术满足人机对话、跟读对比等互动模式,学习系统还会根据学生在语音、语调、句法等方面的表现及时打分,教师也可以在平台终端监测学生的学习进度,通过系统反馈学生做题正误率的报表来把握学生知识点掌握的情况。针对所使用的平台系统没有涉及的社会热点话题和情景,或是主题板块未讨论听说技巧的部分,教师可以通过补充相应的学习资源来建构更有温度、更有实效性的问题情景。越来越多的教师将各类学习平台引入教学活动中,利用其强大的功能满足学生的个体听、说需求,以及学生之间口语互动、互评的协作需求。随着信息技术与教学的融合程度日益加深,更多应用程序的使用为翻转课堂提供了技术保障。

第三节　慕课

一、慕课应用于英语教学的优势

(一)融合教学资源,构建高效课堂

新的信息技术赋能高等教育是必然的趋势,英语教学在数字化信息技术的有力保障下有了更多的发展空间和可能,以信息化、全球化为平台的慕课资源走入英语教学,促进教学模式发生了根本性的变革。将语言教学与信息技术深度

融合是新时期高等教育对学科发展的基本要求，在新的技术平台中，混合式英语教学模式呼之欲出，也势在必行。语言学习的特点是周期长、见效慢，所以，除了课堂讲解，还需要大量相关的辅助练习和实践活动。另外，还有对语言所依托的文化背景知识的学习，这更是一个庞大的知识体系。作为公共基础课，英语课时严重不足的现实状况给学生语言学习带来了很大困难，也给教师课程计划的实施造成了很大阻碍，寻求一种可以冲破时间和空间限制的课程资源是英语教学的根本出路。

参照教学计划和目标，充分考虑本校所教学生的语言学习水平和学习困难，制作适合学生的课程，可以大大提高教学效果和学生的学习成果。把在慕课平台上精心挑选的可以用于解决学生当前学习困难的课程纳入授课体系也不失为一种智慧之举，尤其是名校名师课堂或同步课堂。例如，针对相当一部分学生语音语调问题严重和发音规则知识匮乏的情形，慕课平台上为数不少的课程资源就可以被直接用于帮助解决学生在外语学习中遇到的基本问题，系统直观的讲解可以把教师从琐碎的教学任务中解放出来，把更多精力投入为学生把控学习方向和指导学习思路上。另外，名校名师课堂为学生的求知开拓出更优质的学习资源，让学生享受到更公平的学习机会，这对促进不同地区、不同院校的教育公平有很大帮助。教师在这个过程中也获得了提升专业能力的机会，可以借鉴先进的教学方法和理念，对自己的教学进行反思和打磨，这无疑是一个双赢的过程。无论是自主建设课程，还是共享已有的网络公开课程，借助于慕课教学的英语课程都会大大节省出有限的课堂时间，用于知识点的研讨、教师答疑和课堂展示等。把有限的时间用于传授学生学习方法、思维方法、解决问题的方法，让语言学习事半功倍。

（二）转变学习方式，养成良好习惯

外语学习不同于其他非语言类科目，死记硬背或考前突击都不会有明显的成效，更实现不了根本的进步。学习语言是一个漫长的过程，只有找对方法，日积月累，长期坚持才会达到理想的效果。仅仅做到课堂上认真听课，课后完成老师布置的任务，被动地接受语言学习是不够的。传统课堂无法延展到课外，带给学生的学习指导也是有限的。通过网络平台来展示课程教学，学生可以反复观看，无限次回放难点和重点，也给了学生充分思考和理解吸收的时间。不像在传

统课堂中即使在一个环节出现了听不懂,还没来得及想为什么,就得跟着教师学习下一个知识点,长此以往,不仅问题会越积越多,还会影响到学生积极思考和探索发现的可能。

观看慕课,为学生实现自主个性化的学习提供了保障。对文化点感兴趣的学生可以仔细研读课件内容,查看教师提供的相关链接,进行更深入的了解和学习;对长难句的句子成分分析有困难的学生可以暂停课程,给自己更多的时间,按照老师讲授的思路和方法尝试划分句子结构,还可以趁热打铁,找到更多的长难句,运用刚刚习得的方法来检验学习成效,即学即练;对单词重音有疑问或连读现象不能确定的学生,可以及时查阅并反复跟读练习。总而言之,不把问题搁置,有利于培养学生自主探索与发现,主动解决学习中遇到的问题等语言学习的良好习惯。

(三)强化过程学习,优化教学体系

脱离了中学紧张有序、监管严格的学习模式之后,很多学生不能适应大学看似松散实则竞争更加激烈的学习氛围,普遍养成了考前临时抱佛脚的不良学习习惯和考试风气。英语慕课教学更注重对学生学习过程的把控和指导,把对学生的最终评价科学地划分为若干部分,强化过程性评价,降低期末卷面成绩比例。针对学生对学习过程不重视的问题,慕课教学对学生在课前、课中、课后、课外几个学习节点提出了一系列具体的要求:一是要课前自主学习,要求学生在规定时间之前完成某节课程的学习,自主学习的成效将会以小测验或小组活动的形式来检查;二是在课中加强习题讲解环节和课堂研讨环节,增加阶段性测试,降低期末成绩占比;三是增加课后复习的阶段性指导和验收,进行线上和线下辅导;四是设置同学间协同完成的项目式实践作业,从选题、查资料、列提纲、写脚本等方面分阶段对学生进行指导和帮助,从实践中帮助学生探索专属的学习语言的方法,并从实践中检测和应用语言学习的成效。

教学资源的线上化和教学过程的线上化给学生提供了随时随处可以学习的便利,从时间和空间上均给予学生自主学习的最大权限,也从学习资源上给了学生充足的保证,学生可以根据自身的学习情况和接受程度来决定学习的内容和学习的重点,这为实现个性化教学奠定了深远的基础。线上辅导和线下答疑可以及时、高效地解决学生的疑难问题,不把问题留到以后,不让困难越积越多,不

让问题的时效性被破坏,都是有利于学生学习兴趣的培养和提高学生理解力的有效方法。教师也可以针对学生共性的问题,通过制作答疑视频来解答,既提高了答疑效率,节省了人力物力,又可以满足个别学生需要反复观看解答视频才能内化知识点的需求,全方位地支持了学生进行过程性学习,符合语言学习的特点和规律。按要求观看教学视频,完成相关任务才能有效地加入课堂研讨活动中,有目标、有期待地听课,有准备、有表达渴求地参与课堂活动;分阶段的接受测试,按步骤提交作业才可以完成学习任务,整个细化的过程对于纠正学生的不良学习习惯,助力学生语言学习的效果有着十分突出的效果,这对英语教学体系的完善来说无疑是一大进步。

二、慕课应用于英语教学的路径

(一)发布仿真课堂,提供适用语境

传统课堂外语教学中最缺乏的就是真实情景的设置,有限的教学条件是对教师的巨大考验,尤其是听说教学,这才有了无数外语教师的"假如"式情景教学。"假如我们在某某情形下,我仍应该如何如何。""假如我是某种身份,我需要如何如何。"这种情景教学在某种程度上来说是尴尬的,因为一切的前提要基于老师给学生提供的想象画面,那么问题是对外语本就不那么感兴趣的学生会更排斥这种无意义的假想,他们无法与对话中的人物产生共情,也没有动力去参与其中。

这些情景假想的尴尬可以在在线课程中消失殆尽,所有的情景和语境可以更直观地呈现在学习者眼前。例如,利用动画进行故事讲述,或是用真人在实体语境中的对话形式把需要传授的语言技能自然而然地展现出来,对于对屏幕有很大依赖性的年轻学生来说更容易接受。直观的语境表达更可能唤起学生对学习内容的兴趣,了解所学知识点的实用性。也给部分在课堂上羞于开口跟读的学生带来了更多自我练习、自我提升的机会。

相对于教师苦口婆心的提醒和多次重复的讲解,由慕课形式呈现的语言文化知识更可能吸引学生的关注和参与。我国当前已处在文化输出的阶段,把中国文化传播出去,提高我国国际传播力是当代学生学习外语的重要任务。把中国传统文化用英语系统讲解出来,并制作慕课课程,从主题上就已经抢占了先

机,吸引了学生的关注。在学生的外语学习生涯中,对"英语话中国"的印象只停留在阅读理解的文章或是大型纪录片中,但很明显,无论是毫无生命感的阅读材料,还是足够震撼却没有系统学习方法指导的纪录片,都没有充分调动学生对用英语讲解中国文化的知识渴求,而在线课程可以弥补这些不足,可以带给学生系统高效的学习体验。课程中 PPT 页面的关键词提示,核心知识的归纳、总结和回顾,无一不给学生周到全面的学习指导,让学生在饱含对我国传统文化敬佩之情的同时,增加并提高自身跨文化交际与传播能力的决心和本领。激发学生学习的内在动力,让其能够深刻认识到英语学习的重要性和实用性,明确自主学习是学习过程的最高境界。

(二)测评学习成果,开展教学活动

在线课程学习的成效需要检验标准。慕课教学的测评方式主要有:系统自动评分的客观选择题或程式化任务,教师批改评价的主观答题以及同伴间的任务测评。

需要教师评定等级的主观答题一般是当节课中主题的应用或延展问题,需要进行批判式思考和逻辑清晰的总结或创新的内容。例如,学习反思报告、作文、翻译或其他作品展示。留言区或评论区的设置实际上除了是给学生留下主观题作答的空间,也是为学生与教师提供线上互动路径。学生可以就某一章节或某一知识点的困惑对教师进行及时提问,也可以把在自主学习中遇到的其他问题向教师反馈,甚至是自己对课程的建议和意见,方便课程的制作者准确把握学生对课程的接受度和认可度,以及今后对课程修订的方向和思路。

学生之间的任务互评是基于学生是否在规定时间段内保质保量的完成学习任务的标准进行评分。此举可以增进学生对同伴学习情况的了解,相互对比与参照,有利于大家对当前阶段的学习能力和状态有正确的认知,无形中起到了相互督促、约束和竞争的作用。

英语教学活动形式丰富多样,在对学生的听、说、读、写、译的基础技能以及跨文化交际能力等方面的培养都有着相应的实践活动。利用慕课教学资源提前导入中心话题,可以系统且全面地帮助学生了解并内化主题,给学生预留出充足的准备时间来更主动高效地投身于学习反馈活动,并给学生有计划、分步骤的指导,让学生在任务完成的过程中可以集中精力用于搜集资料、梳理归纳,甚至创

新。丰富的实践活动可以检验学生所学的知识技能，让所学技能及时得到实践，学以致用不仅可以夯实知识，还可以激发学生学习英语的热情，由被动完成任务到主动参与反馈。

（三）开设论坛交流，落实双向互动

慕课体系中论坛的创建将教学者和学习者、学习者和学习者紧密连接起来。论坛即学习者发布问题、其他学习者或课程主讲者回答问题的平台，是授课者、学习者进一步互动交流的主要线上场所。留言评论是私密的，是授课者和学习者的单向互动，而论坛是开放的，可以全员参与。论坛的讨论话题可以是针对课程的一般性讨论，包括课程内容和技术反馈，也可以是针对学科的专业性讨论，话题不受局限。学生在论坛中发布一条非常有共性的有关语言学习的想法或感受，会很快引发热议，受到其他学习者的关注。

这和影视节目中的弹幕是有区别的，弹幕是在视频播放过程中观众的云聊天，或赞叹、或吐槽。论坛是学习者在完成某个或某些章节的学习后有感而发的平台，或是有困惑，希望被广泛关注，得到集思广益的智慧性答复或解决方案，故而发布者多是会经过深思熟虑后上传发言，所提出的问题也会更具价值。

语言学习是一种社会性学习，过程漫长而艰辛，甚至是终身学习，在学习中会遇到各种方面的问题，包括语法、语用、背景知识、习惯用语等。由于语言学习具有学习时间的碎片化、学习方式的自由灵活、学习资料的多样性等特点，整个学习过程的跨度很大，教师是不可能全程跟踪指导的，这就决定学习者需要更多地发挥主观能动性解决学习上的困难。从这个角度而言，论坛的存在很有意义，论坛的用户相当于一个兴趣小组的成员，有着相似的学习目标和诉求，把自己在学习中的问题上传到网上，论坛的成员们可以各抒己见，集思广益，最终推出最优质的答案。在线课程中开设的论坛是线上公开的交流场所，对所有该课程的报名者开放。学习者发布在课程学习中出现的不能独自解决的问题或困惑，众多其他课程学习者都可以畅所欲言，尝试解答。这个过程无异于一个自发学习、独立思考的过程。因为无论是作为问题的答复者，还是保持沉默的浏览者，都会尝试使用自己的储备经验来系统分析、编辑或验证答案。这个过程无形中培养了学生积极自主解决问题的能力和自主学习的竞争意识，给学生的学习注入了协同进步的元素，提升了学习的效率。

第四章
产出导向法视域下的英语教学

第一节 产出导向法及其理论体系构建

一、产出导向法概述

产出导向法这一创新型方法,是在英语专业技能课程改革过程中,由文秋芳教授提出的教学理论。经过多年的发展,产出导向法由"输出驱动假设"发展到"输出驱动—输入促成假设",最终发展到产出导向法这一体系。整个过程凝结着众多国内、国外教育研究者的心血,其中包含着理论的不断创新发展,以及该理论的实践成果。对产出导向法这一方法贡献最大的是文秋芳教授。产出导向法提出后,在英语教学方法本土化的过程中,很多教育专家也在运用该方法时使其不断地丰富发展。

产出导向法主要基于"学生中心说""学用一体说""全人教育说"三个教学理念,这三个教学理念指导着教学假设和教学流程。教学假设主要包括"输出驱动假设""输入促成假设"以及"选择性学习假设"。这三个教学假设也为产出导向法的教学流程提供理论依据。产出导向法的教学流程共由三个教学环节——驱动环节、促成环节、评价环节构成。教学流程也在实践中体现着产出导向法的教学理念和教学假设,以致更多学者对产出导向法有了更深刻、更清晰的了解。在清晰地了解产出导向法后,能够准确地应用在英语教学的各个领域,提高英语的教学效果。

二、产出导向法理论体系的构建

(一)产出导向法的教学理念研究

对教学和学习过程的认识及其体验就是对"教学理念"的基本看法。对于教学理念的准确认识,是高效开展教学活动的关键因素。这里主要对产出导向性进行探讨。产品导向法教学理论研究明确列出了三个方面的内容,具体包括"学生中心说""学用一体说""全人教育说"。

1.学生中心说

与20世纪末以前我国提倡的"教师中心说"大有不同,"教师中心说"以教师为主,重视教师对于学科的培养,而"学生中心说"以学生为主,从而弥补了之前"教师中心说"忽略学生主动性这个缺陷。正是由于"教师中心说"在学生的主动性和积极性方面极度欠缺,早在20世纪末21世纪初,很多教育专家就已经开始想要一步步降低"教师中心说"的影响力,当时"学生中心说"由美国教育家杜威的"儿童中心说"引进并发展,这对于我国外语教学有着极其利好的作用,但同时也存在一些挑战因素。"学生中心说"与之前过分强调的"教师中心说"相比,学生的作用扩大化、权利增强化、选择广泛化……使教师在教学过程中,对于教学内容和目标缺乏主见和权威,教学单单围绕学生的爱好和想法出发,这种情况严重阻碍了教学的发展进程。所以,关于是否将"学生中心说"严格贯彻落实下去,还有待商榷。在这一过程中,我国教育专家也在竭力思考解决办法。之前的"教师中心论"似乎被重复提出,但相较之前又有所不同,"教师主导,学生主体"的理论指在教学中发挥学生主动创造性的过程中,由老师把控整个教学局面,教学目标、内容和方法都由老师全权做主,起到一种总指挥的作用。两者之间存在一种谁都是主体,又谁都不是主体的良性关系。

再看"学生中心说",其实它并不是片面强调学生在教学活动中的主体作用,而是强调教师的教学活动应该围绕学生展开,使得教师教学和学生学习两者达到有效的平衡。从这一基础出发,"学生中心说"就成为体现学校教育最本质特点的理论了。以"学生中心说"为指导而展开的教学活动,是教学两者的"合作",在教师完成教学内容和目标的同时,学生完成学习活动。但是要完成这一高效的合作过程,对教师的要求也是极高的,教师应该充分利用教学的有限时间,透彻了解教学的全过程,做到让学生全力投入学习的状态。既然是以学生为主体,就要做到:每一分钟、每个教学环节、每个教学任务都为学生所用,对学生的学习产生积极效果,这在外语教学中显得尤其重要。

2. 学用一体说

提到"教师中心说"时,我们会想到"学生中心说",提到"教师中心说"时,也会想到与它对应的"教材中心说"。有一段时间,"教材中心说"讨论热度极高。"教材中心说",顾名思义,强调教材及课本的重要性,强调理论,忽视实践活动。由于社会的现实性,这一弊端很快显现。于是在这一基础上,产生了"学用一体说",就是在学习教材理论知识的基础上,也要重视运用理论到实践活动中。这种理念的提出,不是在强调实践的同时片面舍弃课本材料,而是主张用课本指导实践应用:重点在于怎么借助教材使实践展现最大效果。但是将这一观点采纳到英语教学中还存在着大量争议,尤其对于当前的高中英语教学阶段来说存在隐忧,高中教学时间紧、任务重,而上述观点不仅要考虑教学,还要考虑教学与实践的结合和辅助,这无疑增大了高中生对于英语知识的输入与输出强度。短暂紧缺的时间让教师无力顾及实践的内容,而学生也无力进行实践活动,即使输入达到要求,输出也很难达到。

随着现在对"学用一体说"理念的高度关注,更应该强调教学活动中教学的内容与实践的整体应用性,应该达到学以致用的效果。例如现在英语教学从小学三年级开始,然而有的学生到了高中依然是"哑巴英语"的学习模式,近十年的教学完全没有真正让学生学以致用。所以应该多加关注"学用一体说",让教师的英语教学与实践应用相联系,减少学生"哑巴英语"的现象,让运用英语随处可见。

3. 全人教育说

"全人教育说"首先在于教学的对象,即学生本人。教育学生最基础的就是应该帮助学生发展心智、有思想、有感情。在关注学生教育的同时,更要促进学生的全面发展,也就是现在高度提倡的素质教育。就外语教学而言,英语学习不仅在于应对考试,还要注重英语在交际方面的作用,这才是促进学生综合素质发展的表现,才是"全人教育说"的体现。高中的英语教学过程中,不仅要关注学生的多场考试,更要在教学过程中,注重人文性的培养、交际的应用。"全人教育说"应该是每个教育者时刻铭记的,并且以此来指导教学工作,方便在教学中明确工具性目标和人文性目标。

关于工具性目标和人文性目标的教学安排,教师要以培养学生正确三观为方向,教学内容的情感目标有必要进一步提高,教学素材的选择应更多考虑富含人文性的内容,教学活动应该创新化、人文化。在教学过程中,以增强学生团结互助为目标,调整评价方式,使形成性评价与终结性评价相适应,教师评价与同伴评价相结合,这样在培养学生正确三观的同时,还帮他们增强精神力量,培养高尚情操,能更及时准确地了解学生信息,推动学生积极健康的生活。

(二)产出导向法的教学假设分析

1.输出驱动假设

其实早在20世纪80年代,就有学者曾经在第二外语习得理论中提出过输入假设、输出假设。正因为这种提出,输出驱动就为现在的产出导向法输出驱动假设建立了基础。当然,这两者间还是存在极大的不同。虽然"输出假设"和"输出驱动假设"都增强了产出的速度,学生在此过程中也可以得到输出的面貌展现和输出结果的差别,这样有利于学生学习语言的进步,而且学生会更关注在输出情况下的自我学习状态,增强自我审视意识,但是在"输出假设"与"输出驱动假设"主流方向上,是存在极大差异的:前者关注第二外语习得理论,它更强调输入的重要性,关注输入质量和数量,减少输出对学生学习的影响;后者则比较关注第二外语习得教学领域,强调输出的重要性,这样学生不仅会关注输入知识的多少,还会更加关注输出多少,从而找到自身的不足,加以改进,更能实现自身的进步。理所当然,当学生对输出关注点更高时,意味着对教学中教师的能力也提出了更高的要求。

2.输入促成假设

产出导向法以"输出驱动假设"为基础、以"输入促成假设"为后续。因为在上述"输出驱动假设"上,对教师教学提出了更高的教学要求,所以整个教学活动,不单依靠输出驱动,而是要求教师在输出驱动之前,做更多的准备工作,要充当"先行组织者",在教学活动未进行之前,提供合适的教学兴趣,让学生在教学之前就得以充实提高,这样的举措必然会使整个教学活动更加成功。

3.选择性学习假设

"选择性学习"建立在"输入促成假设"理念上,因为"输出驱动假设"强调输出的结果,那么我们就可以从产出中得到大量结论,从而在"输入促成假设"中根据结论做出适当调整,在学习任务重、学习时间紧等各种复杂条件下,找到更便于学生学习的教学活动。这样的"选择性学习假设"相当于根据学生的具体需要而进行的有针对性的安排,该项理论的提出更有利于提高教学成效。

(三)产出导向法指导下的教学流程

1.驱动环节

产出导向法以学生创造性为目标点,在整个教学活动最开始,设计一个全新的模块,通过模拟实际教学环境,让学生在教学最初就明白自己与教学活动的中间差,从而发现自身所面临的不足,让学生产生学习的兴趣,并且激发后续学习的能力。在这个过程中,首先场景应该选取交际性强、话题有挑战效果、有社会融入度,并且与社会热点话题相呼应的场景;其次是引导学生积极进行此模块的尝试,推断最后的自身产出效果;最后是教师要明确指出此模块的意义,让学生明白此模块与教学的联系,方便后续正式教学活动的展开。

2.促成环节

促成环节,顾名思义,就是强调"促成"的作用,这就要求教师在教学过程中,起到一种"中介"的作用。教师应明确学生的学习趋向,不仅提供学习材料和学习方法,还要对学生的产出过程进行指导和检查,产生实时围绕的促进效果。"促成环节"包括三个步骤:①教师讲述产出任务,指出学生应该怎么做。②学生根据产出任务自觉选择学习的内容,而教师只是在旁边起指导学习和辅助的作用。③学生根据自己的选择深入学习过程,教师全程监督和协助学生。

3.评价环节

评价环节就是对学生的产出任务进行评价,这种评价能起到激励学生、提高教学成绩的作用。它主要包括两个类型:一个是即时评价,另一个是延时评价。前者强调在未完成前就进行反省;后者是当完成一系列的学习,在老师的指导下完成自己的任务后,交予教师进行的评价工作。前者地点一般以课堂为主,后者地点不限,大部分是在课堂外。不管是即时评价还是延时评价,都存在三个具体步骤:①教师与学生一起商定关于评价的具体实施标准。②学生在有限的时间内,按老师的要求,上交评价作业(产出任务)。③正式开展评价工作,并且存进学生成长档案袋,便于查询学生状态,让学生了解自己的成长过程,为教师了解学生提供依据。

第二节　产出导向法视域下的英语教学方法与文化教学

一、英语教学中的文化教学

(一)文化与文化教学的内涵

在社会历史实践中,人类对自然的认识及改造的过程中,形成的物质精神财富统称为文化,而文化在英语教学中,包括了英语国家的价值观念、行为规范、文学艺术、生活方式、传统习俗、风土人情、地理等。文化的载体是语言,对语言的学习,也就是对语言文化的学习过程,要想掌握一门语言,必然要对语言中的文化含义进行理解。

20世纪80年代中期,国内出现了大量的国外社会语言学研究,同时在哲学界出现了对中西文化交汇和内涵等问题的讨论,而针对文化教学的问题,英语界谈论了将近20年,最终得出共识:在很大程度上,文化教育意味着语言教学。

不过,英语文化教学在英语的全球化进程中,遭遇了前所未有的挑战:真实的跨文化交际,不同于一方对另一方文化习俗的遵守,而是在个体或群体间,始终处于两种文化协调、冲突的不断变化的过程中。双方的价值观念、文化身份等的不同,也会遭遇误解,不过这种误解可通过相互理解、协调消除,这体现出对彼此文化的尊重。文化教学在英语教学中,并非仅仅是跨越英语及汉语文化,而是强调当出现汉语文化以外的文化现象时,学习者对文化差异进行的解释,并对可能出现的误会偏见进行消除的能力。文化与语言是不可分割的,两者具有如下关系:①文化中的一部分便是语言,而语言是文化的载体,所以,在跨文化交际过程中,双方的母语文化经常体现出来。②语言中富含文化,它是记录文化的符号系统。③文化的产物是语言,语言作为文化的一面镜子进行呈现,它是对民族历史的记录,并反射出民族的文化心态,富含民族思维方式。④在双方交际过程中,如果没有更好地了解对方的文化,难免造成交际中断。⑤一个民族的语言是该民族文化的载体和表现形式,对该民族的文化不了解,也很难掌握该民族的语言。教师在英语教学中,为了使学生的交际及语言能力得以提高,应该导入学习文化内容,这样既使学生对异域文化进行了了解,培养了学生的文化意识,又训练了其技能,对语言知识进行了介绍。因此,教师在英语教学中,在语言教学时,必须对文化加以重视。

(二)培养学生跨文化交际的基础理论

英语教学既要对学生的交际能力给予培养,便于他们运用英语掌握跨文化交际的能力,又要传授知识及语言。采用图式、迁移理论提供更多的启示,让学生深入了解英语教学和跨文化差异教育之间的紧密联系。

1.英语教学的迁移理论

迁移理论在英语教学中较为常见,通过一些研究可知,在英语学习中,经常出现英语学习者使用到的语言形式的特点。上文提到文化的载体是语言,而学生的表达习惯及思维方式,常受到母语文化的熏陶,这样便使他们在跨文化交际中,下意识地迁移到目的语中,文化迁移现象得以呈现。而中西文化之间存在太多的差异,不利于顺利交际,更为甚者会造成误解,所以,英语教学将培养学生跨文化交际能力作为终极目标,其中必须存在的环节就是文化教学。

2.英语教学的图式理论

持有图式理论观点的人们认为,大脑中存在的背景知识,便是对世界的认知,而人们不断增加的知识会在大脑中形成主次、大小及高低等的图式群及经济、文化、政治等类别,而图式的样式与背景知识成正比,越丰富的背景知识,图式越多;而对新知识的解读,也随着图式的增多变得较为容易。英语习得受到文化图式的影响较大,而文化图式是众多图式类型中较为重要的类别,它是在民俗、习俗、风土人情等内容基础上建立的知识结构。建立的文化图式及对文化知识的传授,有助于学生对语言的理解,当他们遇到文化差异导致的各种问题及障碍时,便可通过大脑中存储的文化图式进行解决。

(三)影响英语学习的语言文化

1.英语学习中的文化语义

语言存在于言语中,它是一种将语法和词汇结合而成的语义体系,而人类思维的形式形成于对世界的认识,这是语言的作用,而所谓的文化语义,特指那些构成语言中的句子、短语及词等单元的记录或承载的社会文化内涵。当学习汉语时,需要充分掌握文化语义知识,当在上下文存在隐喻时,通过学习文化语义知识,有助于发现隐含意思,同时填补省略,做出准确的预测、判断。对文章进行理解,重要的是通过文化语义知识的运用,对文中非连续性事实的空白进行填补,而如果缺乏英语文化语义相关的背景知识,就不能更好地理解文章,更为甚者,会造成对原文的误解。比如,汉语提到的梅、竹、松,称为岁寒三友,具有高风亮节等文化含义,不过这些植物通过英语来表达,却无法体现同样的文化含义。所以,掌握词语的文化语义和基本意义在英语学习中是十分关键的。

2. 英语学习中的文化语境

语境是语言环境的简称,其包括文化语境、情景语境及上下文语境三种类型,其中文化语境是一种特定的社会语言环境,它是人们学习并使用英语交际时的环境。

3. 英语学习中的文化心理

英语学习中,制约英语学习的心理因素是文化心理,从心理语言学角度来看,语言作为一种调节高级心理及社会交际的工具而存在,心理通过语言结构表现出一定的心理记忆单元,是心理现实的反映。而文化的深层结构是心理文化,通常涉及审美情趣、思维方式、伦理观念、价值取向及社会心理等心理文化。由此可见,语言与文化之间的关系,也就是语言与社会及思维的关系。一旦思维模式在其所处的文化大环境中出现一种强大的附着力,便可激发起思维模式的各种作用,一种社会现象的发生,通常折射出语言的行为习惯、表达方法及表现形式等民族思维。

(四)英语文化教学的实施

实施英语文化教学,较为重要的是在语言交际中,培养文化意识及非语言交际中的文化意识,其中的语言交际是人类所特有的,它是将语言作为媒介的交际,其实质就是运用语言的具体过程,而交际能否顺利,在于是否能够合理地运用语言。对学生文化意识的培养,需要在教学中充分结合日常语言、篇章、句子、词汇等因素,这样学生在英语教学中可以通过对一定数量的基本语法规则及词汇的掌握,培养运用英语的能力,从而更好地了解英语文化知识,让交际更加顺利,避免文化冲突的出现,改善交际效果。

而语言行为以外的其他一切交际行为,称为非语言交际,这种交际在人类交际活动中处于十分重要的地位,尤其在面对面的交际中,语言行为在信息社交内容中占 35% 左右,其他便是通过非语言行为传递的信息,这是多数研究专家的共识。总之,语言与非语言交际共同构成了人类交际,从而形成一个完整的交际过程。一种社会共同的习惯,通过长期的历史文化积累,然后经过祖辈相传及后天习得,而形成的文化现象便是非语言交际行为。这套系统适用于那些在交际活动中有着相同文化背景的人们。如果所处的文化背景不同,非语言交际行为表现出一定差异性,当那些文化背景差异较大的人们在进行交际时,通常下意识地使用自己的文化规则对自己的非语言行为进行引导,这样容易造成交际障碍。所以,教师为了确保学生能够在跨文化非语言交际中顺利沟通,在英语教学中,应该厘清两种文化的非语言交际行为存在的差异。

1. 英语文化教学的导入原则

(1)交际性原则。跨文化交际是学习英语的主要目的,跨文化交际对象一般涉及那些将英语作为母语的外籍人士、将英语作为第二种语言的人士,交际过程中通常涉及两种文化,在英语交际中,当具有不同国家文化背景的双方进行交际时,难免会出现各自将其母语文化带进来的情况,从而造成了一定的冲突,而为了化解这一尴尬局面,使交流更加顺畅,人们需要了解英语国家的文化知识,然后根据实际需要,对这些知识进行恰当灵活的掌握。所以,在英语教学中,教师在导入文化内容时,对学生运用文化知识时进行服务意识及能力的培养,将起到良好的学习实践效果。

(2)阶段性原则。导入目标语文化内容,需从学生的年龄特点及认知能力方面加以考虑,然后基于学生的接受能力及语言水平,对文化内容进行由浅入深、由简到繁、由现象到本质、循序渐进的扩展和深化。在起始阶段,英语教学需要让学生大体了解中外文化与英语国家文化的差异,一旦涉及英语国家文化知识,需在教学中将学生身边密切相关的生活融进文化知识中,从而激发学生学习英语的兴趣。如果到了英语学习的较高阶段,应当扩大学生接触异国文化的范围,使学生的学习视野得以拓宽,进而提高其鉴别中外文化的能力及敏感性,从而有效提高学生的跨文化交际能力。

（3）整合性原则。选择适合英语教学的教学内容时，需要教师基于学生不同的学习阶段，全盘考虑学生在其他学科中的学习内容，进而打破英语学科与其他学科之间的界限，使英语教学具备灵活、开放的特点，在内容方面，做到有计划、有目的的整合。教学手段随着现代教育技术的发展而异彩纷呈，整合了现代教育技术及文化教学内容，针对学生的文化内容输入，可从触觉、听觉及视觉三方面进行渠道建设，使学生能够具有各种学习风格。比如，歌曲、照片、插图、文学作品、报刊、访谈、互联网、实物、电影、录像、录音等，这些都可以在教学过程中通过教师转变为教学资源。

（4）系统性原则。如果想要更好地掌握并使用语言，需要我们对文化有更多了解。在教学中，我们要在整体上导入文化差异、共性及要素，这样不仅有助于提高学生对语言的学习，而且可以整体把握目的语文化的整体了解。学生通过教师的指引，如同通过树木的展示更好地了解森林。学生跨文化交际能力的提升，还需从行为、情感及认知三个层面出发，形成对目的语文化要素的整体了解。当教师进行一学年或一学期的总体规划时，需要从英语语言方面总体设计目的语文化的教学，然后有针对性、分重点、分年级实施，让目的语文化教学具有一定的连贯性及系统性。

（5）实用性原则。能力的提高、日常交际等与语言内容的关系存在一定的紧密性，而实用性原则与学生所学语言内容、日常交际等主要涉及面关系密切。另外，学生将来所要从事的职业性质也应当给予考虑。如此语言交际和文化教学紧密结合，有助于激发学生的兴趣，避免语言与文化陷入空洞及抽象的窘境。

（6）适合性原则。要讲究适度的教学方法及内容，其中适度教学方法在于将学生自学及教师授课之间的关系处理得当，而适度的教学内容则需要详细讲解那些主流文化的东西，将共时文化作为重点，酌情将历史性的内容适时引入，有助于学生对文化传统及习俗的根源有所理解。这样一来，教师作为指导者和组织者，可以帮助学生学习课外文化内容，积累更多文化知识，从而提高学生课外阅读及实践的能力。

2. 实施英语文化教学的策略

（1）树立正确的文化观念。应时代召唤，跨文化教育得以兴起，以培养跨文化意识及参与文化交流作为基本前提，可对异域文化和己方文化之间存在的相互关系建立认知。教师在课堂教学中,不仅要指导学生对汉民族文化的存留问题给予关注,使汉文化的含量有所增加,进而培养学生的反思意识及开放心态,对不同文化持有一视同仁的态度,还要让学生对英美文化有一定程度的了解。

英美文化与华夏文化两者都有其存在的合理性,它们之间不存在优劣之分,皆是通过不同形式及表现来反映文化的内容。因此,当教师对英美文化进行传授时,应让学生对本国文化特质给予关注,增强学习母语文化的学习能力,从而对具有不同语言负载的不同文化有更深入理解。

(2)比较中西方的思维方式。汉文化与西方文化具有截然不同的价值观及世界观,造成这种现象的原因在于:汉文化是将"人性+感性"作为理念的内核;西方文化是将"知性+理性"作为基石,两者具有不同的心理模式与思维。所以,教师应该引导学生明确两者的语言及思维的关系,区分中西不同的思维方式,从而有效避免不同的思维方式带来的交际失误。教师对学生的心理引导,需通过文学片段赏析及个案分析等形式,解析中西文化的友谊观、婚姻观、时间观及世界观等专题,从而使学生认识中西文化差异,并在此认知基础上,形成一定的心理认同趋势,最终实现对目的语文化的内涵解析。

(3)有效利用中西文化的耦合现象。文化的耦合现象表现在不同民族的文化中,可能存在一些相似或相同的地方,而其中的相似性体现在语言中。所以,在汉语及英语的具体应用中,表达出现太多的相同或相似性。举例来讲,"同舟共济"英语为"in the same boat";"披着羊皮的狼"英语为"the wolf in sheep's clothing"等多种耦合现象,识别这种耦合现象,能够有效地促进英语学习者在英语学习中的"正迁移"。

二、人文素质为本的英语教学创新

(一)人文素质为本的人才培养模式建构

培养目标及其具体规格是建构人文素质为本的引领性人才培养模式的基础。《国家中长期人才发展规划纲要》指出,引领性人才就是"一批善于治国理政的领导人才,一批经营管理水平高、市场开拓能力强的优秀企业家,一批世界水平的科学家、科技领军人才、工程师和高水平的哲学社会科学专家、文学家、艺术家、教育家"等能够"充分发挥高层次人才在经济社会发展和人才队伍建设中的引领作用"。

引领性人才应以"德育为先""能力为重",而且"全面发展",以此为培养目标。其具体规格应为"人文关怀全球化""人文知识现实化""科学意识交叉综合化""方法意识中西结合化"。换言之,引领性人才应为以人文素质为本的人才。具体而言,人文素质为本的引领性人才的具体规格表现如下。

1. 人文关怀全球化

人文关怀全球化是指通过英语教育的具体实践,努力把学生培养成具有关怀全球人类生存和发展意识的德育人才,使他们解决问题的意识能够投向整个人类的现实与未来。

2. 人文知识现实化

人文知识现实化是指通过英语教育的具体实践,努力使学生在体现中西方人文传统的知识体系中,在掌握古今中外人文知识的基础上,将人文知识与现实有效和有机地结合,将人文知识应用于全球化的现实。

3. 科学意识交叉综合化

科学意识交叉综合化是指通过英语教育的具体实践,努力使学生在实践中具有跨学科的融通科学观,以"大科学"的理念指导实践。

4. 方法意识中西结合化

方法意识中西结合化是指通过英语教育的具体实践,努力使学生具有结合中西思想为基础的解决方法意识,使培养出具有国际水准且能力全面的学生成为可能。

以英语教育为载体的教育过程、课程体系、教学方式及方法、评估制度及管理制度,是建构以人文素质为本的引领性人才培养模式的重要组成部分。为了实现人才培养目标,使人才达到"人文关怀全球化""人文知识现实化""科学意识交叉综合化""方法意识中西结合化"等具体目标,英语教育要明确自身在整个教育过程中的基础地位。

结合我国高等教育的实际,教育过程包括三个阶段:即人文素质教育阶段、技术素质教育阶段、专业能力教育阶段。针对引领性人才的具体规格,人文素质教育阶段的构成基础应为与整个人才培养模式相匹配的英语教育。在课程体系、教学方式及方法方面,包括六大板块的"人文知识、自然知识及社会知识的英语导论课程体系以学生为中心""以教师为主导""课上案例研讨"与"课后小组实践"相结合的教学方式及方法;在评估制度和管理制度方面,包括英语水平测试体系、英语综合能力评价体系,以"导师制"为核心的院级管理体系、以本硕博"一体化"学分关联制度为主的校级管理体系。

(二)人文素质为本的英语教学体系建构

1.人文素质内涵

建构英语教育,要立足于人文为本的引领性人才培养模式,首先要明确自身在教育过程中的基础地位。大学教育包括人文素质教育阶段、技术素质教育阶段、专业能力教育阶段;英语教育应为人文素质教育的实现载体,在该阶段,一方面要强化学生的英语技能,以小班形式进行教学;另一方面要以英语方式培养学生的综合素质。

为此,学校开设了人文知识、社会知识及自然知识的英语导论课程体系。根据学生的不同程度,侧重不同的板块,以水平测试体系(一级、二级、三级)为主要评价手段。同时,在英语教育的范畴内,为学生开放本硕博"一体化"课程,使学生在学有余力的情况下,可选修硕博阶段英语教育课程,并获得关联学分。在硕士研究生阶段,以小班形式教学,旨在从一般学术研究的角度,强化学生的英语技能和以英语方式培养学生的综合素质,因此,英语导论课程体系相对侧重后五大板块,同时以综合素质评价体系为主要评价手段;在博士研究生阶段,以小班形式教学,旨在从高层次学术研究与学术交流角度,强化学生的英语技能和以英语方式培养学生的综合素质,因此,"人文知识、社会知识及自然知识的英语导论课程体系"侧重国际合作板块,辅以其他板块,同时以综合素质评价体系为主要评价手段。

2.建设以人文素质为本的英语教学课程体系

建构英语教育体系,课程体系是尤为重要的组成部分,该课程体系应与人文为本的引领性人才培养模式相匹配。该课程体系为"人文知识、社会知识及自然知识的英语导论课程体系",旨在从英语教育角度,培养学生的人文素质及综合能力。该体系具体包括六大板块,即沟通与交流板块、东方思想经典与现实板块、西方思想经典与现实板块、全球视野与文明对话板块、科技发展与科学精神板块、国际合作板块。其中,沟通与交流板块为基础英语技能类课程,包括英语语音训练、英语构词法、英语语法、英语初中级听力、英语初中级口语、英语初中级阅读与写作、英语初级翻译等课程；东方思想经典与现实板块包括大策略、东方思想经典导读与选读、中外文明史比较；西方思想经典与现实板块包括大策略、西方思想经典导读与选读、中外文明史比较；全球视野与文明对话板块包括西方文明史、世界中的中国、文明的冲突与对话；科技发展与科学精神板块包括科学发展简史、技术发展简史、科学哲学简史、科学伦理学；国际合作板块为高级英语技能类课程，包括国际学术会议模拟、国外期刊论文写作、国外学术会议发言等。这六大板块，首先旨在从英语基础和英语基本素质角度，强化学生的英语技能和以英语方式培养学生的综合素质；其次旨在从一般学术研究与交流的角度，强化学生的英语技能和以英语方式培养学生的综合素质；最后旨在从高层次国际化的学术研究与学术交流角度，强化学生的英语技能和以英语方式培养学生的综合素质。

3.建设以人文素质为本的英语教学方式及方法

建构英语教育体系，教学方式及方法是关键环节，应采用双边性和伦理性为特征的理性英语教学方式及方法。例如，在教学方式及方法层面，以对话性为新现实语境下的教学理念，以鼓励性为伦理原则，具体体现为"以学生为中心""以教师为主导""课上案例研讨"与"课后小组实践"相结合；实行小班教学；设置英语教育网站、英语文学经典电影周活动、英语演讲比赛活动、英语沙龙，教学方法侧重互动式、案例研讨式、现实伦理式等。

三、产出导向法在英语课堂教学中的指导性作用探索

(一)将批判性思维能力的培养融入英语课堂教学环节

批判性思维能力长期以来一直被认为是学生创造思维所必须具备的一种基本能力与学生应该掌握的基本学术技能。批判性思维的主要原则，就是要有勇气质疑，质疑传统的观点、质疑新的理论和问题，经过质疑提问后再做出谨慎的判断，从而进行科学合理并符合逻辑的推理。这一点也正体现了批判性思维的本质，批判性思维是一种"反思性思维"。因此，教师要在实践教学环节设计出创新的授课模式，培养学生的批判性思维能力，最终目标是丰富学生思维的广度和深度，使学生善于推敲问题，勇于质疑，敢于进行自我反思，也要有勇气质疑他

人、质疑权威,善于在学习中发现问题并提出问题,使学生具备严谨的治学态度。反过来,学生也必将终身受益于这种批判性思维能力的培养。

(二)利用网络信息平台,实现课前信息的导入

在传统的英语课堂,学生由于缺乏话题相关背景知识介绍,无法顺利实现语言的有效输出。在数字化网络平台的广泛应用新时代教学背景下,与教材课文话题相关的背景资料,无论是视听还是文本,都可以在学生共享的网络学习平台展示。如涉及社会文化心理等话题时,演讲可以为学生提供书本之外的语言信息资料;涉及名人生平话题时,一些成功人士的演讲不仅可以实现对学生的"全人教育",激发他们内在的学习动机,确立正确的人生观,开拓学生的视野,同时也为语言学习赋予新的生命。语言的学习与相关话题和运用有机地结合在一起,在每个相关话题情境中体会语言的使用,丰富语言文字知识的同时,也丰富了语用知识。在英语课堂环节,授课教师便可依据教材,将学与用有机地结合在一起。教师只有通过各种有效的教学手段和策略,把学生调动起来,积极参与到课堂教学活动中,学生才会有更多运用使用目标的机会,主动用目标语来进行表达和交流,真正体现学生在课堂教学中的主体地位。对于语言学习者来讲,最有效的学习方式就是将语言学习者置于某一具体事例发生的情境中。语言输出不仅可以激发学生的内在学习动机,更能增强学生的自信心,只有当学生拥有自信心,内在的学习动机被激发,他们才会从主观上愿意将自己融入课堂教学活动中。同时,教师在外语课堂教学中的主导作用发挥是决定课堂教学是否能够有效实施并取得最佳效果的关键。

第三节　产出导向法视域下的英语技能教学研究

一、产出导向法在英语听力教学中的应用

听力课一直是很多学生不认可的一门课程,认为它不仅浪费时间和精力,而且也没有任何的效果,所以教师对这门课程也感到非常头疼。现实教学中,教课时间本来就较少,教师们应该提高课堂效率,利用有效的时间来充分展现教学内容。目前,学生们的英语听力能力停滞不前,成了英语学习上的阻碍,也是目前

听说课需要进行重大变动的主要原因。对此,我们也找到了一个可实施的办法,就是利用产出导向法来进行教学实验。在一个月左右的时间内,观察英语的听力课是否得到了改善。这个方法不但能激起学生们的兴趣,还能提升学生的听说能力。

下面我们将以不同的教学理论作为指导,规划出一个合理的教学方案。教学的实验时间为 6 个星期,一共设立 6 个课时,实验对象共 28 人。

(一)目标拟定

实验题目:Conflicts between Parents and Children。选择这个题目是因为这个话题能够引起学生的共鸣,大一的新生跟父母之间多多少少都会有一些矛盾产生,这个话题能够在英语的语言上制造出一个非常好的条件,可以把课堂变得更加生动有趣。我们可以拟定一个"课本剧",让学生通过表演的形式,锻炼口语和听力,并且也能更加深入地了解单词本身的意思,这样既能够提升口语,又能够慢慢提升听力。为了这个目的,我们在常用词和重点句式的选择上,应更加谨慎认真。

(二)重点环节的规划

在第一个环节中,教师主要完成传统课堂的变更。我们利用视频来体现整个主题的场景,视频内容是"成长中的烦恼",以此为交际场景,将父母和子女之间的一些矛盾作为主题,这样能激发学生们的能力。影片结束之后,各小组的学生进行话题讨论,计时十分钟。这一环节过后,学生能够了解到自己的语言"缺口",可以把那些表达不出来的话语,试着用自己的语言写出来,这样也给老师的下一个环节提供了素材。

促成下一环节的三个小环节:①教学目标要分明,要熟练把握一些比较好的句式和短语。②明确任务,学生必须要在十五分钟左右完成一项课本剧,并且是以小组为单位来体现的,内容要在原来的基础上进行改进,可随意发挥,但是不能只体现主题内容,也要在语言点上有所突破。③进行最后的语言推进。

识别语言练习:在这一过程中,需要联系单元词汇。题型不能单一,选择和填空都要包含。选择题需要学生进行相同意思单词的转换,也就是说,在给出的几个词汇当中,选择一个最合适的单词进行替换。填空题需要学生在原来的不完整的句子上加以填充,然后学生们准备接下来要表演的剧本,慢慢练习,最后由老师进行最终评定和指导。

实验中,我们选择了内容一致的听力材料,可以看出学生在听力测试中有很大的进步,他们通过口语来加强自己的听感,这也说明了这种方式的教学方法跟传统的教学方法相比,具有很大优势,同时也能产生很好的教学效果,学生们也易于接受。

二、产出导向法在英语口语教学中的应用

(一)英语口语教学中的驱动环节

产出导向法认为,教师们可以让学生认知到自己语言方面的不足之处,从而促进学生对学习的欲望。教师可以适当地设计一些挑战性比较人的话题,或者在场景设计中更加具有交际性,让学生去完成教师设计的活动。相对于其他院校,留学生最多的就是外语学校了,这样不但能给学生们创造良好的语言学习环境,也能让他们之间互相练习口语。其实学生有很多的机会接触到外国人,比如,在达沃斯论坛,这时会有很多的学生去当志愿者,还有学校也会定期进行交流项目,很多大二或者大三的学生都会去美国或者英国进行学习。学习的时间大概一年左右。

老师们根据"Food and Drink",创造出了下列几项任务。①假如学校举行了一次家乡美食节,你的一位留学生伙伴对你的家乡菜很有兴趣,想要进行更多的了解。②假如你的工作是一位接待人员,专门接待外国来宾。公司邀请外国来的客人吃中国特色饭菜,外国来宾对中国菜非常感兴趣,不断询问菜肴是如何做出来的。③假如学校选中了你去国外做交流生。当中国春节到来时,你热情地邀请你的外国同学来中国,感受新年氛围,并邀请他来你家里吃饺子,你的外国同学对中国的饺子很是好奇,并向你询问饺子的做法。

老师设计的这些任务,表面上看起来很普通,实际上具有很大的交际价值。既能让学生主动接受并学习一些新的知识,又能在自己原有知识的基础上,发现漏洞并进行填补,并且还能让他们充分了解到中西方在文化上面的巨大差别。让学生们肩负起了中国对外文化交流的使命,在跨文化的前提下增强交际能力,这样也改善了中国在文化上的"失语症"。

（二）英语口语教学中的促成环节

促成环节包含了以下教学步骤：由教师将产出任务进行细致的描述、学生根据教师的描述来进行学习、教师根据学生的学习成果进行有效的检查和指导。

1.教师针对产出任务进行有效的描写和讲述

能够成功完成任务的关键在于三方面：首先是在内容上，其次是在语言形式上，最后就是在话语结构上。所以，在这一环节当中，教师的角色就相当于"中介"，由教师来提供一些需要用到的材料，让学生在这些材料的基础上进行加工和挑选，从而获得任务所需要的一些信息，更好地完成教师给出的任务。课堂结束之后，教师将挑选出这些比较适当的材料，传送到专属的QQ群当中，材料包括：针对第一和第二项任务的材料，分别是英文版本的《中国菜的故事》和《我爱中国菜》，这些都是作为辅助材料来使用的，还有第三个任务的材料"中国春节"，这个是必须用到的一个简短的视频。视频当中一个华人厨师用纯英文来向外国人讲述如何包饺子，这些输出材料能够很好地为学生提供帮助，无论是在内容或者语言形式上，都有很大程度的帮助，这样既提高了学生学习新知识的进度，也能够提升学生学习的积极性。

2.学生根据老师的描述来进行学习

学生将分成几个小组，每个小组根据自己选择的任务来下载相关联的材料，然后小组中的成员进行分工合作，通过对材料的利用，来解决问题并完成老师交代的任务。老师的主要工作就是帮助学生解决在这一过程中遇到的一系列问题，同时也要了解学生的活动进展如何，最后就是在上课之前，对学生制作的PPT演讲文稿进行检查。

3.教师对学生的产出任务进行检查

根据教学要求，任务的完成需要教师在一旁指导，循序渐进地进行，而不是"放养式"地盲目进行。以此为例，针对第一个任务，学生从《中国菜的故事》中，得知了自己的家乡菜和一些有趣的故事典范，如东坡肉、佛跳墙等。但是教师在通过检查学生PPT演讲文稿制作的过程中，看到很多学生的PPT演讲文稿内容枯燥，大部分都是文字，这样一来就很难吸引人，也很难使别人产生了解的兴趣。针对这一情况，教师可以建议学生适当增加一些有趣的图片来进行配合，并且将大量的文字去繁从简，只挑其中重要的点来展现。针对第二个任务，学生从

《我爱中国菜》中,选择了一些中国特色比较浓郁的菜色,如糖醋排骨和宫保鸡丁等,在这当中,要对和烹饪方式有关系的词汇进行重点学习,从而体现对菜谱的表述。针对第三个任务,在教师的指导和带领下,学生们将一些比较复杂的流程进行了划分,分为了六个子任务,这就将包饺子的难度降低了,让学生在面对材料准备时更加得心应手。

(三)英语口语教学中的评价环节

评价环节分为两种:一种是即时,另一种是延时。即时是指在这一过程中,教师们根据学生的完成度和学习能力给出相应的评价。延时是指学生根据教师给出的任务目标来进行练习,之后教师会根据学生的练习结果给出合理的指导和评价。延时评价的要求和即时评价是不一样的,它需要教师和学生来一起参与,这样学生不仅需要对自己的成果进行展示,也要学习他人的成果。这一单元的前两个任务由两个小组进行,剩下的由三个小组共同完成。并且由于课堂的时间是不充足的,所以小组任务由抽签来决定。因为在之前的环节当中,教师已经针对学生的展示内容,对学生进行了针对性的指导和评价。教师们也让听众对学生们展开评价,从而调动现场的气氛,让听众也更加有积极性。我们可以列举一些具体的做法:各个小组展示完成后,教师们可以随机挑选一些听众,对本次的汇报内容讲述一些理解,或者也可以对听众进行提问,可以随机让观众们进行回答。可能有的小组因为时间关系,并没有得到展示,那么在下课之后,需要把准备好的展示材料传到 QQ 群当中,由学生们根据这些展示内容进行评价,并从中学习到不一样的东西。

三、产出导向法在英语阅读教学中的应用

英语呈现出课时受限、教学内容繁复的特点。因此,在传统教学模式的作用下,多数教师将完成单元文章与练习设置为教学目标。但关于教学目标是不是实现了教学内容、学生掌握了怎样的学习内容、学习内容掌握到什么程度,以上这些问题都局限于短暂的教学时间,使教师忽视了其在教学活动中的实践。传统的教师讲、学生听的输入式教学在教学过程中占用了更多的时间,使教师无法兼顾教学中教学内容的产出。这样一来,学生无法在教学过程中实现产出,导致学生不具备产出的能力。教学内容的输入与产出无法匹配,英语所生成的教学

效果被大众推入怀疑的境地，甚至连英语教学也遭遇无端指责。而本书提出的以产出为教学目标，能够很好地解决上述问题。不仅如此，我们将《全新版英语综合教程》第 1 册第 6 单元作为示例，进而对以产出为教学目标的英语阅读课程设计做出全面反馈。

(一)进行尝试以实现产出

作为一篇浪漫、细腻、感人的爱情故事，在这一单元中出现的这一阅读文章，其故事情节生动曲折、对情感的描述也十分细致。因此，教师在对驱动环节进行设计时，要对教学目标以及产出任务加以筛选，不仅使其符合文章主题，对学生产生吸引的同时保证学生至少能够完成部分任务，此方法极为有效地简化了教学目标。教师以文章主题为依据，再与学生本身通过学习获取应有的知识水平、已具备的语言能力、广泛的兴趣爱好等相结合，进而完成产出任务。文章对两人见面场景进行描述时，设置了充满浪漫色彩甚至狡黠意味的情境，再让学生对自己与新同学以及新朋友见面时的场景进行回忆，将两者进行结合后，教师再以口头的形式对学生进行产出任务的布置，再要求学生对见面场景进行表演。当学生开始进入表演，或者行进至表演过程中时，便会意识到，若自身的词汇量不够丰富，导致自己不能对自身觉得有趣或者难忘的经历进行表达，这样的产出练习，不仅能够令学生能更加了解自身拥有的知识，还能够激发学生对自己的经历进行表达的欲望。此时，教师再对学生展示出此课的学习目标，或者做产出任务的要求，具体到本课便是对见面场景进行生动有趣的描述；经过阅读，学生之间进行对话，并进一步以写作的方式实现产出，进行新的故事描述，描述自己与新同学或新朋友见面的场景，对场景的描写要尽量吸引读者。教师能够通过这样的训练方法产出任务，令学生在思想上提升自身学习的能动性，更在实践中与教师的教学活动进行积极配合，同时为接收下一阶段的输入做准备。

(二)通过实践促成学习结果

促成是第二阶段的重心，当教师对教学目标和产出任务进行明确之后，会针对不同部分采取不同的教学方法。教师以两人见面的经历为基础，以词句、叙事方式、修辞特点等语法方面进行讲授，使学生把握这些语法要点，在头脑中对见面场景所需要的综合知识点(如词句、讲解方式、修辞应用等)形成一个清晰的认识。为产出练习打下理论基础的同时，对输入进行筛选，使输入更具针对性。在此环节中,保证学生拥有足够的输入,以实现更好的产出为最终目的。

需要注意的是,此时的产出并不等于第一阶段的产出。在第一阶段进行的产出会因为学生没有针对性的输入,最终导致出现产出质量不高的问题;但在第二阶段,在教师指导性的输入下,产出的质量应当获得提升的同时,应尽可能达到预期的目标任务。在这时,学生塑造的人物便会呈现出丰满的状态,故事情节亦更动人,对于学生的学习动机来说也是一个激励。当学生完成其产出后,教师应做出即时且具针对性的评价。这样的评价能够令学生对产出成果做出正确的认识,最终促进学生的学习。

四、产出导向法在英语写作教学中的应用

(一)英语写作问题解析

1. 英语在进行写作教学时,多采用语言的活动产出这一方式

传统的课堂学习中,依然无法在写作教学中对英语的交际性给予足够的重视。通常,教师会先将范文提供给学生,学生在进行阅读的同时,教师对一些写作技巧进行讲解,最后再为学生布置写作任务(包括说明文、议论文等),或者在一些训练中,教师也会以当前社会涌现的热点话题作素材,令学生表达自身的观点,同时完成写作任务。

2. 以写作技能的训练为主的传统英语写作教学,并没有将写作本身与所学习的学科内容进行有机融合

在英语写作中,很多话题是与母语的概念息息相关的,如果仅仅对学生进行单一的写作训练,便很难实现利用特色英语对中国传统文化的表达。因此,学生要想进行英语写作,在这之前要以大量的阅读进行知识累积,在学习英国及美国文化有关的文学作品之余,还需对与中国文化相关的英语文章进行学习,在实现两者融合的基础上,最大限度地发挥自身的写作水平。

3. 在国内的英语教学中,一直存有重视理论、轻视实践的问题

因为英语教学存在于课堂中,并以讲授的方式进行,教师仅在教学时或者对学生课余时间做某些实践性任务的要求。英语课程因自身缺乏实践性,导致缺乏一些具有实用性以及带有实操性质的锻炼、指导以及监督等,无法最大限度地

呈现最优的英语写作教学效果。

4. 在英语写作的教学过程中,其评价方式理应获得重视

一直以来对评价效率方面存有的一些问题仍悬而未决,进而导致以结果为导向的学习法写作教学中,教师依然使用对学生的作品进行批改评价的主要方式。这一评价方式最大的问题便是评价方式单一,在增加教师工作量的同时,更因教师在评价过程中对学生写作的语言、结构呈现的问题以及负面的评价较多,造成学生在对自己作文进行修改时呈现出懈怠的状态。尽管在后期的写作教学法中实行吻合学生中心以及合作学习理念的比较鼓励同伴之间互批互改的学习方法,却出现了批改意见未具有一定程度的权威性,与东方的学习文化不符等问题。

5. 教材在写作教学中扮演的角色被逐渐弱化

当下,在英语写作进行的学习中,学生似乎都陷入了学习知识无用武之地的困境,甚至有大量的学生对英语学习持"无用论"。此时,不仅需要高校的英语教学者进行反思,更需要获得全社会的关注,但有大部分教师依然使用传统的教学理念,这一教学理念强调以课本为中心。

(二)产出导向法在英语写作教学中的实施

1. 对教学目标进行明确

若要实现课堂教学预期的目标,首先要求学生以自身的努力去实现目标,教师要对学生应完成的目标做到心中有数,其次将目标细化,倡导师生共同参与,即无论是教师还是学生都可以对有没有实现目标做出评估。产出导向法提倡在英语写作教学中,将输出作为驱动目标,并在为学生布置活动场景时,注意场景本身所具有的交际性以及可对听、说、写、译等能力进行运用。

2. 对教学内容进行确定

为了实现教学目标,同时保证输入能够为输出提供适当的材料及内容知识,除了实现对教材内容进行合理的选择外,还要运用实践与理论相结合的方法。教师应以学生的能力为依据,进行适当的教学目标的选择,最终以多媒体或书面的形式为学生提供案例,以此使学生做到自己预习材料的同时,还对相关的知识与材料进行搜集。因此,不管是教师选择教材作为输入的内容,还是实现输入内容的相关补充,都需重视输出活动的意义,进而为学生进行输出和输入创造更多机会,这才能够令学生在真实的体验实践中对具有价值意义的材料进行筛选,最

终顺利地完成产出任务。产出导向法这一理念对将教材作为学习的中心持反对意见,但却强调在学习过程中对教材做正确的使用,对这一方法进行掌握,关键在于让学生对所学知识进行运用,而并非仅仅停留在对知识的学习层面。

3.以举例为方法实现的教学

运用例子实现教学的过程,是将学生的被动学习转变为主动学习。这要求教师善于归纳且在讲课前进行完全准备,并且让学生认识到必须自己掌握学习的主动权,教师仅仅起到指导与组织的作用。在使用此教学法时,教师在本节课中使用的例子需具有代表性且与教学内容相宜。这样一来,在讨论过程中,学生对自己的见解进行表达时,也能够令教师获得启发。

4.对教师角色转变进行的推动

以"学生中心说"为基础的产出导向法,要求教师在对待每一位学生时,持平等的态度。与此同时,该方法要求在课堂中进行的活动必须能够实现有效的学习,学生可以从中学习到什么成为课堂上的学习关注的焦点。教师以课堂学习为基础,依据实际的情况为学生选择最佳的学习方式,最终完成教学目标。此外,围绕与写作时进行的课堂教学相关的环节及任务保持一定的关注度并进行设计,采用多种形式来促进课堂活动的进行,以期提高教学效率,提升学生对语言进行综合使用方面的能力。

5.不断地进行课外实践

产出导向法更加注重学生采用情景设置的方式,激发学生的求知欲。在课堂外实践的基础上,促成学生实现与各种类型人群之间的沟通与交流,在扩大自身视野的基础上习得知识,最终使自己获得丰富多彩的学习生活。

第五章
混合学习空间视域下的英语教学

第一节 混合学习空间视域下的英语教学模式

一、基于网络技术的英语自主学习型课程设计与实践

(一)网络技术条件下的英语学习自主性

对于学习者的自主性的探索主要是基于建构主义学习理论。建构主义学习理论认为,"学习过程不是学习者被动地接受知识的过程,而是其积极地建构知识的过程。"由于建构主义学习活动是以学习者为中心,而且是真实的,因而学习者就更具有兴趣和动机,能够鼓励学习者进行批判性思维。学习是一个知识建构的过程,学习者就必须依据自己与外部环境相互作用的独特经验去建构自己的知识,并赋予经验以意义。自主学习是学习者对学习资源进行支配的一种负责任的态度,是一种独立学习的能力。从这点来看,学生利用丰富的网络资源进行学习资料的自主搜集与选择,正体现了学习者支配学习资源的独立地位。自主学习是学习者作为学习过程的主人和管理者,它强调自我管理和自我监控。因此,在自主学习中,学生是学习的主体,由他们自主地选择学习内容、设立学习目标、确定学习方法。钟启泉认为,在建构主义课程的背景下,关于学习的基本假定是:学习不是被动接受的过程,而是主动建构意义的过程;学习所涉及的概念不是一蹴而就的,而是不断细致化的;学习具有主观性、个别性、情景性、脉络性以及情意性等。由此可见,学生只有获得学习与发展的自主权和主动权,才能

主动地去进行自我体验与情意建构。我们强调英语教学应以学生为主体,把获取知识的主动权还给学生,从根本上改变学生在教学过程中消极、被动的地位。随着英语教学改革的深入,以多媒体网络技术为特征的现代教学模式走向了舞台,它不仅成了一种辅助教学工具,而且变成了构建新型教学模式的教学要素。而网络技术与英语学习自主性的整合显得非常有意义。我们可以充分地借助网络技术的优点,在教学内容、教学手段、教学方法、教学设计等方面突出学生在学习中的主体地位,着重提高他们的自主学习能力。

(二)英语自主学习型课程的设计与实践

为进一步提高教学质量,探索有利于培养自主学习能力的教学模式,英语教学需要改变传统的"记忆型课程",探索新型的自主学习型动态课程体系。利用网络技术进行英语自主学习型课程的设计与实践可以充分挖掘现代网络技术在促进教学与学习中的优势,因此应依据建构主义学习理论,引导学生开展自主学习,提高学生的学习参与性和学习投入。首先,通过"自主阅读"的环节,强化语言输入,利用网络技术,学习资源可以突破传统的课本局限。学生可以自主地选择和搜集网络上的英语学习资源,并批判性地优化阅读资源。其次,在"小组探究"的环节,充分赋予学生话语权。不论是在小组准备阶段的资料搜集,还是主题探究的实践,都需要学生利用网络资源进行自主探究,并可以通过"在线"交流的形式进行合作学习与资源共享。"自主练习"是强调自主学习输出的重要性,是把输入的语言材料加工转化的过程,输出是传递信息、锻炼语言交际能力的过程。最后,该课程体系中的"课堂指导",有别于传统的"知识授受"的教学模式,它更加注重通过师生的对话型互动以及用自主学习的方法来提高学生的自主学习能力。

1.课程目标

该自主学习型课程的设计是以现代外语教育理念为指导,将自主性的英语阅读、讨论、学习训练和自主互动型课堂讲解模式以及自主学习评价五个基本环节纳入教学之中,构建有利于学生自主学习和师生互动的教学模式,并改变学生学业评价方式。课程建设致力于引导学生将课内与课外学习有机结合,进一步提升英语课程的整体质量与教学效果,努力增强学生的学习自主性,提高他们的英语综合应用能力。课程的部分目标包括:①结合学生所掌握的语料资源,以自主学习为导向,把英语的听、说、读、写、译能力的培养有机地融入整个教学活动中。②课堂教学多采用任务型的自主探究教学方法,发挥学生的学习主体性,重点提高学生英语实际应用能力。③注重课堂中学生的自主性互动,增加语言的输入与输出,把课堂教学与课外实践有机结合起来,如游戏式小组讨论、辩论、角色扮演、模拟对话等,为学生提供创造性地运用语言的机会。④培养学生英语语言综合应用能力,特别是听说能力,同时增强其自主学习能力,提高综合文化素养。

2.课程实践方案

基于网络技术的英语自主学习型课程的实践需要科学、合理地进行课程规划与设计,探索和完善语言课堂上的师生行为,并且指导学生利用网络技术的便利条件有效开展课后资源获取和学习互动,并巩固学习效果,同时积极转变课程目标及课程评价方式。本课程以素质教育为基础,探索英语教学增强学生自主性和确立创新性思维教育的目标,探讨培养学生自主性学习的教学方法,乃至创造新型"教学文化",即从传统课堂的"以灌输为中心的教学"转变为自主型"以对话为中心的教学",因为真正的学习并不停留于单纯的"知识的记忆"层面,而应当是学生主动参与的"知识的建构"的过程。

3.课程实践

(1)"自主阅读"——利用网络技术自主阅读和优化学习资源。基于网络技术的英语自主学习型课程,首先体现在教师如何指导学生充分利用网络技术获取自主阅读资源,以确保学生阅读的数量与效果。学生在阅读外语类电子书籍、在线杂志、英语学习网站等的同时,应区分英语精读、课外必读、浏览泛读等不同阅读内容。一学期的英语课程,要求精读10万字和泛读15万字的资料。通过该课程的开展和实践,为了有效指导学生开展英语自主阅读,教师应给予学生阅读材料的选择权,因为人作为有意识、有思想的存在,是凭借选择而生活发展的,人也只有在选择中才能体现出自己的主体性与能动性,并在选择中发展和完善自身。同时,教师要在阅读策略上指导学生,并且应要求学生积极有效地做好阅读积累。主要体现在以下几个方面:①阅读材料的筛选。教师应指导学生筛选那些在难度、篇幅、题材和体裁上切合自己的能力水平,有助于学生了解英语国家历史文化、贴近生活以及为学生提供有利于学习的材料。②培养学生英语阅读的自主性。教师应重视培养学生的自我发展能力,关键是要教学生学会"自主学习"。③阅读策略的指导。教师应指导学生根据不同的阅读材料和目的,采取不同的阅读方式和策略,包括略读、跳读、细读、概读和推读。同时更重要的是引导学生通过有意义的阅读活动将这些阅读策略进行"内化"。④监督学生做好阅读积累。教师应要求学生做好阅读积累,这是巩固阅读的必备环节。

(2)"小组探究"——从自主研究的角度进行实践。"小组探究"主要是指课堂讨论和课后基于网络技术的"在线"小组合作探究。课堂讨论主要是通过师生和生生之间的对话型互动来提高学生的综合语言能力,提高学生语言课堂的参与度和学习兴趣,同时,建立一种不同于传统语言课堂的自主"思维型教学文化"。

1)课堂讨论进程。其次呢,教师应进行问题预设,教师在课前就提出待讨论的话题,让学生预先通过网络进行材料搜集和记录,真正做到讨论时有话可说,而且不同组的学生可以根据各自搜集的资料各抒己见;其次,教师要对讨论进程进行引导。为避免教师在组织问题、下达讨论任务时,学生不知所措,教师需要鼓励学生,创造情境,调动学生积极性,从而提高讨论的效果和确保讨论的顺利进行;再次,教师应进行预解释,对于一些涉及比较专业的讨论问题时,教师需要进行概念诠释,指导学生自主解决问题;最后,讨论结束后,学生对所讨论问题进行总结,得出启发性结论,教师给出指导性意见和建议。

2)"在线"小组合作探究。首先,教师给学生设定合作探究的学习任务,让学生们以小组的形式通过"在线"的工具(比如 QQ 群)进行合作学习,使他们能够共享学习资源、交流学习成果、完成学习目标。在这个过程中,培养学生的合作和探究精神至关重要。"在线"小组合作探究需要组员积极参与任务的解决,同时,还要培养学生的探究精神,帮助他们应用已有知识探索问题的解决方法。

(3)"自主练习"——从自主实践运用的角度完成课程的任务。"自主练习"是学生自主开展学习的体现,也是巩固学习效果的有效途径。它的实现形式主要是学生综合性作业或项目的组织与实施。教师通过布置综合性作业让学生有目的地练习。一学期的英语课程,必须布置 6 次以上综合性作业。呈现形式有:文章摘要、读书报告、书评、文献综述、经典英语句子摘录、英语句子结构分析、作文等,以区别于平时练习。此外,要求学生至少撰写 1 篇完整的英语课程作业论文。这里需要特别指出的是，学生可以利用网络技术，通过"在线"交流的形式，互相批改小组成员之间的综合性作业。

（4）"课堂指导"——基于对话的自主学习型教学实践。基于网络技术的英语自主学习型课程中的课堂指导，摒弃了传统的语言知识灌输的教学模式，构建起一种师生对话型互动的自主学习型教学模式。网络环境下的自主学习是学生借助网络技术开展的主动的、具有主见的、探索性的学习。以学生为中心的自主学习型动态教学在课堂时空里形成了多层次、多向度的关系，构成了教学的特定语境和生成基础，它是师生作为独特生命个体在教学活动中赖以存在和发展的文化纽带，凸显了师生之间相互联系、互动互补和协同发展的价值功能；师生在与对方的关系中"相遇"，确立自己的角色，组成对话实体，并通过对话形成对知识世界和生活世界的认知，进而深化对自我的理解，建构自我的社会化及知识性内容。多媒体与网络技术的应用有利于对话型教学实践的开展，有利于调动学生的学习自主性，有利于培养学生的合作精神。一方面，教师应该利用多媒体和网络技术创设英语学习的语言环境，使多媒体所呈现的文本话语与学生生活世界的知识的实现链接，同时，教师应创设能促进学生自主性学习的对话机制，这样就摒弃了语言符号的控制，激发了学生的学习自主性。另一方面，教师应在课堂教学中进行自主学习方面的理论指导，提高学生的自主学习意识，并解决学生在自主学习过程中的一些技术性的问题。

二、混合学习空间视域下基于问题的英语教学模式

（一）理论基础——社会建构主义

混合学习空间视域下，基于问题的英语教学模式应用了社会建构主义的学习方法，它鼓励和强调学生采用基于问题且进行自我管理的学习方式。传统基于课堂的高等教育课程是实施远程学习和混合式学习的两个主要障碍。然而，我们认为，社会建构主义强调学生的自主性，可以消除这些障碍。

根据社会建构主义的方法，学习被认为是一个积极的社会过程，个体在社会环境中积极地建构知识，所以知识不能被转移。这意味着学习是需要学生的主动和自我管理的过程。维果茨基、杜威和维尔奇强调了自我治理活动的目标导向和中介性质。每一个问题代表一个不能立即实现的目标，这个目标成为学生

进行积极自我知识建构的导向。活动的中介性质意味着目标导向的人会使用资源(如物体、概念或理论)来解决问题。知识是在这个目标导向的活动中建立起来的。因此,根据这种方法,学习应该以解决问题为导向,并指向解决问题的过程。

基于问题和自我管理的活动是开放式的和半结构化的过程,因为学生不知道如何解决问题,因此不可能预先确定他们的活动。这样的过程是由开放的学习环境所支持的,这些环境不直接指向学生的活动结果,而是为学生们开展自我导向的学习活动提供机会。

(二)从传统模块到基于问题的混合式学习

传统的英语课程以课程编排为特征,以授课为基础。课程借助各种材料(主要是教科书)以及一些预先确定和排序的授课模块来组织。这种方法代表了教师提供的"以知识为内容"的概念。此外,以教师讲授为主的英语课堂在很大程度上缺乏互动。在教师课堂讲授过程中,学生们倾向于直接获取答案,而不是自己去解决问题或找到答案。最后,这种方法很少关注单个学生。

本研究试图探索混合学习空间视域下基于问题的英语教学模式,将英语教学单元分解为基于问题的模块,并且充分利用网络技术开展混合式的学习体验,主要步骤由以下四个部分组成。

1. 确定问题

本研究所依据的社会建构主义方法,需要一种不同的课程设计方法,即不应被认为是由书本等材料所创造的内容或知识,而是根据问题和活动,或者是"问题情境"来制定的。在符合英语课程大纲要求的基础上,以问题的形式确定每个教学单元的主题。比如,本单元课程的主题涉及哪些问题? 哪些问题和提问会促使学生开展对原有课程内容的讨论? 以问题为基础的学习活动,其目的是重新思考现有的英语课程编排设计,同时应确保在教学模块中覆盖原有的课程。当学生独立使用开放式资源时,为了能确定学生应该学习的东西,确保教学大纲内容得到落实,必须鼓励特定使用的资源的形式是开放式的,而且能激发学生的学习自主性。比如,在讲授 Famous Universities 这个单元时,在实践中,我们制定了以下问题:"知名大学具有哪些共同点?""牛津大学作为世界一流大学之一具有哪些特色和创新点?""世界知名大学的发展历程对我们有哪些启示?"。学生们根据问题,充分利用网络资源对相关问题进行探索。作为开放式的问题,不需要明确答案的对错,相反,它是以一种特定的方式来鼓励学生去探索问题的各个方面,并适当地覆盖本单元的教学主题内容。

2. 利用网络技术搜集开发性问题的资源材料

有必要从可供学生使用的资源的视角来重新审视现有的英语学习资源和素材。这涉及从原先以教学内容收集文本的形式预先确定的课程转向使用一些网络资源素材来丰富学习主题。此外,以各种资源的形式提供学生开放式学习材料,以提高课外学习过程中学生的批判性思维能力。我们的问题是:什么资源可以帮助学生提高批判性思维能力? 如何将课程内容转化为开放性的在线资料?

在改造后的模块中,材料的重要性和作用发生了变化,新的在线学习材料应运而生。该模块进行了重组,使一个基干问题的任务和不同的在线学习材料成为中心。我们创建和提供了不同种类的资源,包括课堂的 PPT 演示文稿、补充文本、交互式学习材料、在线讨论平台、微信群和 QQ 群。学生还可以通过在线讨论平台与师生进行互动。

与以教科书内容为基础和以传统课堂授课为基础的教学方式不同,该教学模式的资源集中于个体学生。每个学生都有机会以不同的方式与学习资源和素材打交道,这取决于他们对问题的个人理解和方法。这种方法既支持不同的学习方式,又能够使资源用于不同的学习活动和学习目标。

3. 重组模块

使用基于问题的方法需要重新思考英语教学模块的内容。学生的自我管理活动和基于问题的课外自主学习被认为是学习过程中最重要的两个方面。为了支持这一点,有必要提供互动、讨论、指导、反馈、支持、帮助等机会。

通过重组模块之后,英语单元教学不再拘泥于原有的章节安排,而是依据主题重新设定为多个模块。在实际授课之前,学生们通过阅读课本主题内容和在线相关资源来做预习准备。在讲课中,教师提供主题、基本内容概述以及对可用的在线资源进行介绍。在讲课结束后,学生们(可以是单人或小组)使用虚拟学习环境来解决基于问题的作业。

学生利用在线学习平台开展在线学习和讨论,随后,教师通过在线讨论反馈问题,直到设定的数周后的任务截止日期。作业提交后,教师评估作业,并在计划的期限内对班级和个人提供反馈意见和评估。

学生们的注意力从课堂转向了自我管理、师生在线互动、协作式学习和自主性学习。混合学习空间视域下基于问题的英语教学模式,是一种混合的方法,它不仅通过使用网络技术扩展现有的模块,而且涉及不同的活动组织和使用不同技术开发新资源。

4.改变教师和学生的角色

重组模块涉及教师和学生的角色的改变。在转换后的模块中,教师作为"课堂讲授"的角色转变为帮助和引导学生的指导者角色。在面对面的教学中,教师将会花更多的时间用于师生讨论和互动,而不是主要用于单向讲授。此外,在学生随后的作业中,教师也可以通过在线交流平台进行教学反馈。基于问题的方法要求教师角色的改变,在变换后的课堂上,教师并不会完整地呈现主题内容,而是给学生做介绍,并为学生的解决问题提供背景。他们的角色转变为指导、反馈问题、促进对话和确认学生的需要,关键在于开展基于问题的学习与讨论。

学生的角色也随着他们自我管理、自主性学习以及通过引入基于问题的协作式学习而改变。在传统的英语教学与学习中,学生们被动接受教师的课堂讲授、阅读课文并记忆语言知识。在转换后的模块中,在解决问题的语境中使用主题模块内容,学生的角色是主动的、独立的。所有这些都意味着,转换后的模块对学生的自主学习、自我学习管理的责任要求更大,他们的角色由听课者转变为问题解决者。

综上所述,实证研究表明,通过将传统英语教学转化为基于问题的混合式学习模式,可以减少课堂中的语言知识灌输、支持课程的自主性学习和支持师生多层面的互动,从而解决我们迫切需要满足的英语新课程要求的问题。我们的混合学习方法是建立在社会建构主义的基础上的,它的原则是自主性的、基于问题的活动和无限制的资源集合。该研究检验了一种社会建构主义方法在促进学生自主学习和知识建构方面的能力,即学生在问题上独立自主地学习,并被给予了一系列不同的学习资源。

然而,混合学习空间视域下基于问题的英语教学仍然需要进一步细化和发展,特别是如何更好地整合在线学习资源、如何更好地开展基于在线平台的师生互动以及如何更好地对学生的学习进行监督和指导等方面。在未来的工作中,我们需要依据混合学习空间来进一步思考、开发和利用不同种类的在线资源,同时进一步激发学生的学习动机。

三、学习空间视域下的任务型混合式英语教学模式

(一)目前英语教学的问题

1.对多媒体网络技术应用的理解不全

典型的做法是,夸大多媒体网络技术的"工具性"特征,误以为应用多媒体技术来设计课堂教学课件就是成功的教学。于是教师花很多时间来设计五花八门的多媒体课件,但是一到课堂,通过点击鼠标,就把语言知识一股脑地呈现给学生,结果导致学生的注意力分散,无法吸收知识,更谈不上实现知识的内化。

2.无法充分调动学生的学习自主性和积极性

自主性学习是21世纪最重要的学习方式,自主性学习能力是学生必须具备的素养。但是目前的英语教学普遍上无法充分调动学生的学习自主性和积极性。

3.忽视课外的学习时间与空间

英语教学只注重课堂教学,却忽视了课外的学习。即使是在网络技术高速发展的今天,英语教学也很少借助技术环境来促进学生的课外学习,罕有拓展课外学习空间。

(二)学习空间视域下的任务型混合式英语教学改革

1.改革设计与实施

(1)教学内容改革。传统英语教学中,使用固定教材,较少补充课外内容,而混合式英语教学改革将依据技术环境,拓展教学内容空间。教学内容的选择将教师选择和学生自主选择相结合。教师充分利用网络技术对英语的学习资源进行调度,将学习材料、资源选择性使用,形成独特而完备的教学文本、教学资源、教学辅助资料等,并选取有效资源运用于课堂教学中,以建构主义和自主学习理论指导教学实践,并通过多媒体对资源进行整合更好地开展英语教学实践。而学生自主地根据自己现有英语水平和小组协作学习要求来选择学习内容,改变由教师指定学习内容、学生被动接受学习的现象,把决定学习内容的自主权交给学生,体现学生学习的自主性,促进学生主体学习能力的提升。

（2）教学方法改革。传统意义上的英语教学过分依赖现实的物理学习空间，即依赖教室所开展的单一、封闭式的教学模式，却对以新技术为基础所构建的虚拟空间利用不足。随着新科技的迅猛发展，不断涌现的新媒体运用于教学领域，创造了大量的虚拟学习空间，十分有利于教学规模的扩大与教学质量的提高。真实学习空间与虚拟学习空间的耦合大大延展了传统意义上的课堂，使学习者得以直接或间接地获取经验、知识并掌握技能。

教学改革实施中，英语有效学习空间的创设可以从以下几点体现出来：①学生的学习范式的变化：获取信息的渠道被扩展，传递信息的平台和载体也发生着深刻变化，自主学习和协作式学习方式被灵活应用。②教师教学范式的转变：在多媒体网络快速发展的环境下，英语改革要求充分利用现代教育技术，构建多维互动的教学模式，更好地通过网络平台增强教学的实用性，提高学生英语综合应用能力，尤其是强化听、说与交际能力的训练与培养。③师生互动范式的变革：技术环境下，师生互动不再局限于课堂的互动，而是拓展到课堂学习空间中的学生与媒体资源的互动，以及课外学习空间中，师生通过网络平台进行的"在线"互动。

（3）课程评价体系改革。作为拓展英语教学空间的一部分，该教学改革的课程评价体系除了结果性评价即以闭卷的期末考试来衡量学生的学习结果之外，更重要的是过程性评价，分为课堂表现和课外表现两部分。课堂表现包括课堂小组汇报、课堂互动等。课外表现由电子学档、网络交互平台、学生小组协作学习成果等组成。"电子学档"是依托现代信息技术和互联网而建立起来的学习档案袋，它突破了传统纸质档案袋的时空限制，能够有效促进师生间的网上交互，在操作上更为便捷。一方面，"电子学档"是由学生自主构建的电子档案，可以自主阐明个人体验、成就和学习过程，而且数字化地记录他们的学习能力、思想、反思、反馈等；另一方面，学生可以开展基于网络的资源收集，与同学、教师线上开展信息共享和交流。过程性评价体系，特别是"电子学档"的应用，集中体现了学生学习过程的全程性评价特征。

2.改革的宏观成效

（1）构建英语有效学习空间。学习空间的构建要考虑新一代"数字土著"的群体学习特征，创建能够支持学生彼此协作、便捷接入网络、促进真实学习的环境，同时要尊重学生的个性化需求，推动自适应和个性化学习。构建英语有效学习空间不仅包括利用现代教育技术、多媒体设备、网络技术等作支撑,更好地拓展课堂学习空间,优化课堂教学,而且包括创设师生信息交流互动的网络平台(我们称为"共享学习空间")以及"个人学习空间"(包括"电子学档"、课堂学习空间、课外学习空间)。通过网络平台的"共享学习空间"构建的资源库,学生可以自由访问和共享资源,并且开展交流互动。这样不仅促进知识的显性化,而且还可以通过知识交流与互动促进隐性知识的内化。个人学习空间,则更注重个性化学习特征。在外语教学环境中,以学习者为中心,从个体需求出发,依靠学习者自发开展活动。最近许多新观点强调,学习者应该被允许通过设定自己的学习目标,选择学习方法和工具,以兴趣为驱动,创建和共享资源,以及自我监控学习活动和过程来构建自己的学习环境。这些观点认为,学习是一个连续的、持续的过程,发生在不同的情景中,借助多种工具,且可在同学、导师或者教师的帮助下进行。以学习者为中心的环境可以整合正式和非正式的学习经验和资源,促进终身学习。以学习者为中心的一个例子是个人学习环境概念,已经成为热点研究问题。"个人学习环境赋予了学习者控制学习过程的权利,学习者能够根据自己的需要,选择合适的工具和资源来管理信息、生成内容、分享成果、连通他人并最终实现学习目标。"除了强调以学习者为中心,个人学习环境概念认为,学习目的是达成个性化、模块化的解决方案,整合个人和互动学习的空间。个人学习环境重视学习者的个体体验。在本教改实践中,"电子学档"能够记录学生个体的学习过程和体验,体现了学生个体对学习的自我责任感、自我评价和自我监控。课堂学习不再是传统意义上的"知识授受",而是作为个人学习空间的一部分,是一种学习环境。课外学习不仅是课堂学习的延伸,而且是学生个体依据个人兴趣和需要,以"线上""线下"或"线上线下结合"的方式自主掌控学习的路径。

(2)以多媒体网络技术为平台,构建任务型混合式英语新型教学模式。该教学模式所倡导的学习空间是混合式的,体现了教学方法、教学手段和教学环境的开放性。强调教师的教学活动,既可以是传统的课堂讲授,也可以利用多媒体网络技术创设真实的语言交互环境,组织各种任务型、互动式、协作式小组讨论,还可以利用网络交互平台与学生进行在线交流、答疑、反馈等。而学生的学习活动同样可以形式多样、方法灵活,在一定程度上不受时间、地点的限制,可进行个性化、开放性的自主学习。

从学习空间构建角度来说,这里的空间包括课堂学习空间、课外学习空间、网络虚拟空间三维环境。多元互动是指师生,作为教与学活动的双主体,在课堂、课外、网络虚拟空间三维环境中所进行的师生、生生、生机(学生与计算机)间的互动活动。在此过程中,教师的作用是:引导、促进、协调、反馈,而学生作为活动的主体,通过自主探索、合作探究,在"做中学""探中学"中完成对语言使用规则的认知和外化。而该教学改革重点研究推行一种"以学生协作学习、自主学习为主导,教师指导为辅助,网络交互技术为平台"的任务型混合式英语新型教学模式。该教学模式是多媒体网络技术在教学内容、教学范式、教学评价等方面的全方位整合,其突出特点是学生在整个学习过程中的主体性和能动性得到激发。具体而言,在课外学习中,包含以下三个环节。

1)任务布置。教师作为教学设计的主体,依据教学目标,在分析学生和资源的基础上,进行学习任务布置,并促进、协调、参与学生的知识建构。

2)个体学习。学生作为知识建构的主体,对完成任务的步骤、时间、空间作出规划,并择优选择学习资源,开展个性化的自主学习。上述过程中,包括任务布置、学习资源搜集、资源共享,都可以通过网络交互平台进行。

3)小组协作探究。学生在个性化学习的基础上,开展小组协作探究,并借助网络交互平台,和教师、同学、网络资源进行交互。学生通过自主学习和小组协作学习完成知识建构,并将获得的知识转化为具体的小组汇报成果。为了激发这些知识创生活动,小组协作学习设计的目标是以促进交互的方式达成更富有成效的协作成果。这可以通过"问题解决"的形式设置激发学生进行深层次探究的主题任务,并通过合作学习活动来实现。在这样的教学设计中,协作的资源可以是内部的、外部的或融合的。

在课堂学习中,包含以下几个步骤:①学生在课堂上就所完成的学习任务进行小组汇报。②教师针对小组汇报情况进行总结,并对相关专业知识点进行课堂讲解与指导。③学生再根据主题任务开展小组讨论学习。此外,该教学模式中的链接活动可以帮助学生实现课外学习与课堂学习的对接。课堂学习的知识内容需要通过链接活动得到内化与吸收。因此,链接活动是学生个体必须完成的任务,其目的有三:学生检验个体对课堂所学知识的理解程度;进一步扩展学生的课外学习空间;进一步调动学生的学习自主性。

第二节　混合学习空间视域下的角色定位

一、教师角色定位

(一)教师角色

一直以来,教育心理学家都在探索有效教学与学习的各种要素。研究者们认为,教师是其中一个重要的因素,就教师角色而言,教师承担多种角色。中国古代认为,"师者,传道受业解惑也"。这里更多强调的是狭义上教师作为知识传播者的角色,因为在古代,单从知识的储备来讲,与学生相比,师者的知识要远比学生来得丰富。现代教育教学论认为,教师是学生学习的促进者、监督者、诊断者和指导者。关于教师角色的研究,更多的是关注优秀教师的个人品质。教师不仅仅是一个授课者,还需要具备成为教师的专业知识、素质、能力与个性品质。教师的另一个角色作用是课堂的组织者与管理者,这在很大程度上决定了课堂开展的效率和运作。课堂管理不仅包括组织课堂教学,而且包括创设和谐的学习环境。优秀教师更懂得如何创设合适的课堂氛围,调动学生的学习积极性,激励学生全面发展,最终能提高学生的综合发展能力和学习成绩。

(二)混合学习空间视域下教师角色面对的挑战

1.技术挑战

在 21 世纪之初,网络技术就已经得到广泛应用。与以往相比,人们也更倾向于采用多样化的方式来获取信息和建构知识。然而,现在有关这一趋势是否已经在教育领域得到令人满意的普及的讨论还在进行,因为许多教育场所仍未实现通过知识创新实践来开展学习。外语教育与技术的深度融合也是难度颇大。信息技术只是作为外语教学过程中的"花边装饰",与外语课程的整合流于表面化。近年来,协作式工具也发生了很大变化。社交媒体和应用程序,比如博客、维基、微信等,在人们的生活、学习和工作中扮演着重要的角色。同时,软件、移动技术及设备能够给那些依赖信息环境的群体提供更符合实际的学习经验。这些技术让每个学习者在任何时间和地点都可以获取信息,因此,能够超越传统意义上的课堂学习并拓宽学习途径。另外,越来越多的自主学习以及基于兴趣驱动的个性化学习也在正规的课堂学习之外悄然进行。但我们对技术发展给外语教学带来的便利性也不能过于乐观,主要原因在于:对基于技术的外语学习过程、技术环境对外语学习的影响等实证研究还不充分,基于技术的交流实践过分强调个体参与、社会关联、群体协作,但利用技术环境来进行高级外语认知和深层次外语教学实践还需要进一步探索。研究表明,协作式学习是一种看起来很有吸引力的学习方式,但从操作层面来看,学生之间高层次的协作学习比想象的更难以实现。

从现有的研究结果来看,不同群体之间,协作学习的质量以及基于技术的协作式学习差别较大。一些学习小组会比其他小组表现得更好,有的协作式外语学习环境能够创设理想的学习体验,而有的则不能。因此,目前我们面临的挑战在于如何更好地理解在特定外语学习环境中个体活动和协作式活动使用不同现有技术的形式与路径。重要的是,我们需要发现为什么有的学习互动和环境构建取得了成功,而有的则失败了。基于技术的视角,个体维度与小组协作学习维度之间的具体关联值得我们进一步研究。

2. 理论挑战

鉴于以上技术问题挑战,我们将开展计算机辅助外语协作学习领域的研究,尤其是从个体学习和小组共享学习界限模糊的角度。传统意义上,外语教学的理论涉及输入—输出假设理论、认知学习理论、任务型教学理论、语篇理论等。从技术的视角,我们将阐述如何利用新兴技术进行外语教学设计实践,同时介绍各种新兴技术的应用来满足未来外语学习的需要。

在计算机辅助协作外语学习的研究中,针对如何理解外语学习有两个主要的概念。一个是将外语学习理解为个体现象,建构自我知识。这种类型研究的一个例子就是先设计协作学习架构,随后,支持个体的知识获取。换句话说,协作的价值只体现在个人学习成果里。相比之下,另一个概念将群体认知和精神活动作为学习的主要中介。该观点认为,合作学习的核心是通过协调不同的视角,承诺共同目标,并结合小组活动评价,最终小组可以超越个人的思维。个人学习和社会化的学习过程被认为是交织在一起的。社会共享学习方法认为,小组活动效果取决于个人的参与,而个人活动受组织的影响。研究表明,当共享意义和个人诠释之间存在动态关系时,协作学习发生在共享协作过程中。总之,个人的发散思想在协作交互中至关重要,但面临将它们合并到共享的知识结构中去的挑战。

在外语教学与学习过程中,开展师生或生生面对面小组协作学习、相互理解并建立共享知识有时候也很难实现,更别提基于虚拟现实或计算机支持的协作学习了。由于个人兴趣的驱动以及自主活动面对的是纷繁复杂的社会网络,个人和小组共享活动之间的界线正变得越来越模糊。技术环境下,学生可以在多个社交媒体上开展活动,包括独立的、小组的以及在多个团体间进行的活动。由于学生也可以利用不同背景下的多种社会资源和物质资源,而它们超越了正规教育内涵,因此重新界定传统理论意义上的外语情景概念也成为一种挑战。例如,技术在以前经常被理解为一个影响外语学习的变量,而现在更多地被视为外语学习环境的一部分,是内在学习过程的组成部分。

3. 教学设计挑战

传统外语教学设计模型被用来理解外语教学条件和教学结果。这些方法是外部导向、内容驱动型的,并且是基于明确预设活动的。然而,在开放式技术环境下,现在通常没有一个简单的方法可以明确外语学习目标和活动。相反,外语教学设计重点显然已经转移到更复杂的、开放式的学习环境,而不是教学步骤、方法或工具。特别是对于学习的社会维度的关注使教学设计者面临构建学习者和环境之间相互互动的挑战。由于教学设计的概念往往与传统的教学设计模型关联,我们这里所说的教学设计概念更偏向于指代间接设计方法,这意味着专注于建立良好的外语协作式学习情景而不干预具体的交互过程。教学设计应理解为支持小组互动和知识建构活动的资源而不是给予规范的行动计划。

今天的学习环境,可以利用工具,如社交软件和移动设备,通常是相当开放和结构松散的,因此赋予了学习者监控自己学习的职责。若教师指导不足,学生可能不会达成协作活动,如质疑、解释、阐述或争论。为了激发这些知识创生活动,外语教学设计的目标是以促进社会交互的方式达成更富有成效的协作可能,可以通过设计一些特殊的外语合作学习活动来实现。在这样的教学设计中,协作的资源可以是内部的、外部的或融合的。

在现今学习环境中,外语教学设计需要认识到学生个体参与社会实践的方法的差异性。学生个体的不同背景(包括外语基础、技术设备等)会影响协作环境的创建以及学习任务的分解。由于学生也被视为积极的合作参与个体，外语教学设计的主要角色之一是向他们提供资源来支持他们的共同知识建构活动。就新兴技术领域的教学设计而言，最关键的问题是在学习过程中平衡预先设计的活动（如任务型设计）和监控（如教师监控）。这两者中，教师监控是关键。但是，新兴学习技术的便利性和可获得性，如手机、社交软件，对教师的教学设计造成挑战。因此需要更多地为学生提供个性化的学习经验，培养他们自主学习和反思的能力。然而，与此同时，这些多样化的技术环境通常很难为教师提供良好的支持监控的学习活动。无论多么自主的学生，教师必须处理小组群体形成的问题，在任务设计以及技术设备上关注不同的学生群体。整体上，在外语课堂教学设计上，教师需要通过对学生多种学习活动进行协调干预，将所有元素融合到整个课堂活动。

（三）混合学习空间视域下的教师角色定位

1. 混合学习课程的设计者

一些研究指出，结构化网络环境中的协作交互在教学方法上有利于理解和促进深层知识建构。教学设计的措施通常包括使学生在基于文本的网络环境中进行小组异步合作，用不同的教学设计构建协作行为。外语教学设计的重点是设计学习任务和开展任务执行，旨在从不同的角度引发深层讨论。学习任务设计，可以采用将个体活动（如外语阅读）和组别活动融合起来建立一个学习共同体的方式。因此，在教学设计中至关重要的一点是通过个体和小组协作促进语言习得。共享空间和异步通信工具，恰好可以提供一个环境，帮助激发知识，促进论证以及开展其他先进的协作活动用以知识获取和学习。这些环境，在协作构建知识的同时，还可以存储知识建构的历史以便将来修正和使用。

网络学习的有效性受多重因素的影响，同时构成影响学习环境的变量。这组复杂的变量包括学习任务、个人目标、组群目标、技术功能、教师的角色、课堂文化等。就外语教学设计而言，一个特殊的挑战是应对不同外语水平的个体需求和利用这些背景构建新知识。只有了解了学习者的认知过程和认知特点，以其认知规律为基础，为其构建一个主动和个性化的多媒体学习环境，才能使不同水平学习者的能力得到长期发展。随后，借助任务设计和团队组成，团队成员的个人观点转变成基于网络的知识共享与创生。

上述目的是形成一种合作的特殊异步学习环境,以下重点强调,在外语教学环境中,以学习者为中心,从个体需求出发,依靠学习者自发活动。最近,许多新观点强调,学习者应该被允许通过设定自己的学习目标,选择学习方法和工具,以兴趣为驱动,创建和共享资源以及自我监控学习活动和过程来构建自己的学习环境。这些观点认为,学习被视为一个连续的、持续的过程,发生在不同的情景中,借助多种工具,且可在同事、导师或者教师的帮助下进行。以学习者为中心的环境有可能整合正式和非正式学习经验和资源,促进终身学习。以学习者为中心的一个例子是个人学习环境概念,它已经成为热门研究问题。外语学习环境设计实际上就是围绕着建构主义学习环境设计中的三个主要方面即学习资源、认知工具以及自主学习的教学模式,结合外语学习的特点而设计的。除了强调以学习者为中心,个人学习环境概念认为,学习目的是达成个性化、模块化的解决方案,整合个人和相互学习的空间。个人学习环境重视学习者个体体验的能力。然而问题是,如果学习者在共享的学习空间里,他们可能在信息创建以及在组织和共享有意义的内容上面临挑战。主要的挑战是,这种以学习者为中心的学习需要学生实现自我规划,教师发挥监督的角色,并通过评估与反思来扩大合作和沟通。

2.混合式学习活动的组织者

混合空间视域下,传统意义上的教师角色发生了根本变化。教师不再单纯地是一个教学的角色或知识的传播者,更多的是混合式学习活动的组织者。信息交流技术作为一种有效的教学工具,应用于教育教学之后,它极大地提高了教育的质量和效率。与传统课堂教学相比,信息技术应用于教学拓展了教学的手段和方式,在远程学习、信息传播的灵活性、师生互动、协作式学习、学习动机激发等方面显现出了独特的优势。

基于网络环境的学习是以学生为中心的,在此环境下教师的职责和角色有着重大的改变。学习者可以在任何时间任何地点借助网络技术开展自主学习,学生的个人学习空间扩展了,减少了对传统课堂学习空间的依赖。混合式学习活动中,教师的组织角色主要体现为以下三个方面。

(1)向学习者提供、传递学习内容。教师需要具备较好的信息素养,能够尽可能地获取信息资源,优化这些资源,并且有选择性地提供、传递给学习者,这包括课堂中与课后。课堂中,教师组织教学,通过多媒体等技术手段向学生呈递信息,开展师生、生生之间的小组对话、交流和讨论。在课后,教师可以通过网络学习平台或者电子邮件、微博等途径为学生提供学习资源和语料,帮助学生开展课外自主学习。

(2)组织开展协作式学习。以主题任务为驱动,依据课堂教学内容,调动学生的学习兴趣与协作学习的热情,发挥课堂教学对学生课外学习的引导与推进作用。与此同时,教师在课堂教学中,把课堂教学与学习者协作学习以及自主学习能力培养融为一体,使学生有足够的学习资源与学习策略来达到自己的学习目标。

(3)构建新型的英语教学模式。多媒体网络技术应用到英语课程建设,可以促进学生自主学习能力的提高,实现学习与生活的人文连接。同时,国内外有关多媒体技术与外语教学的整合方面的研究与理论阐述中,大都研究如何充分调动学习资源、如何丰富课堂的教学内容以及如何利用多媒体技术改进教学等方面。我们可以构建新型英语教学模式,即推行一种"以学生自主学习为主导,教师指导为辅助,多媒体技术为平台"的新型课堂教学模式。该新型教学模式是将多媒体网络在教学内容、教学范式、教学评价等方面的全方位整合,其突出的特点是学生在整个学习过程中的主体性和能动性的激发。在强调自主、个性化学习的今天,学生的学习范式也应该发生相应的变化:获取信息的渠道被无限地扩大,传递信息的载体也发生着深刻变化。在多媒体网络快速发展的环境下,英语改革要求充分利用现代教育技术,构建个性化的英语教学模式,更好地通过网络教学增强英语教学的实用性,提高学生英语综合应用能力,尤其是强化听、说与交际能力的训练与培养,为我国英语网络化教学改革拉开序幕。基于建构主义理论的英语多媒体网络教学延伸和拓展了传统课堂教学内容及方式,学生能充分利用网络上自然、鲜活的资料画面,弥补传统教材在内容和形式上的不足,增大知识的输入量。网络教学具有信息量大、交互性强、实时性和实用性强、知识新、资源共享等优点,革新了传统的教学模式,给我们传统的教学带来了巨大的冲击。外语教学中,教师应致力于引导学生获得发展的主动权,成为有自主思维的个体,从而主动构建自我体验与探究的行为方式。我们应充分利用多媒体网络技术的优势,培养学生的外语自主学习能力,推动课堂持续能动地发展。

3. 混合式学习活动的管理者与监督者

混合式学习中,除了传统意义上的课堂学习,很重要的一部分是课外学习,而现代网络信息技术也为课外学习构建了便捷的虚拟学习空间。学生这种课外学习活动,我们可以将其称为网络空间学习活动。网络空间学习活动需要管理者与监督者,教师在其中起到了关键桥梁作用,保障网络资源能够得到顺利地传输,能够有效地监管学习过程。

网络空间学习活动的管理与其他网络或网站管理相比具有特殊性。它要求教师能够实时跟进学生的学习情况,以及对学生的学习进行评价,需要花费较多的时间;它需要教师激励学生积极参与网络学习活动,调动学生的主动性。比如,当教师要求学生建立电子学档,将电子学档上传到网络学习平台上,需要做到以下几点。

(1)教师要调动学生构建电子学档的兴趣。针对这一问题,我们认为在使用电子学档之前要为学生详细讲解为什么提倡形成性评价、电子学档系统的优势、使用电子学档的意义等,让学生认识到构建自己的电子学档是一种终身的学习方式;在构建过程中,教师可以提供电子档案袋构建的参考范本,也可以让优秀的学生展示个人电子学档,从而激发学生构建电子学档的兴趣。

(2)教师对学生个人电子学档进行监督。在实施过程中,教师需要投入大量的时间和精力检查学生的电子学档建设情况,如果教师精力不足,监督不够容易造成学生的电子学档的建设情况不理想。针对这一问题,本研究认为可以引入第二课堂助教帮助教师监督和处理学生电子学档的建设和建设中遇到的问题,定期向教师汇报电子学档的建设情况。

(3)关注学生的自我反思的问题。电子学档最重要的功能之一是促进学生进行自我反思,从而达到不断提高的效果。但具体实施过程显示,大部分学生反思意识薄弱。

二、学生角色定位

(一)学生的角色适应

"角色"这一术语是社会学的概念。人们常将其定义为特定社会背景下与人们的社会地位相关联的行为要求和规范。从这个意义上来说,学生的角色必须与社会对学生的行为规范相符合。学生的角色实际上是由社会结构所决定的。随着网络社会的发展,学生的行为角色也发生了变化。比如,我们将2000年后的这些学生称为"网络一代",是因为他们所处的时代,网络游戏、电子邮件、手机、即时视频通信等在日常生活中得到了广泛应用,学生获取信息的途径变得十分丰富。社会环境的变化要求学生必须调整自己的角色模型,重新建构适应社会要求的角色。这与混合学习空间视域下的角色定位不谋而合。尤其是学习空间不再仅仅是物理性的,而是物理空间与虚拟空间的有机结合,角色适应将显得异常紧迫。比如,在虚拟学习空间里,学生也需要承担责任与要求。这种适应与转变是在线网络学习中现有社会环境的一部分。

(二)学生需具备的角色素质

1. 对于网络环境下的学习,学生需要转变观念

学习不能仅局限于书本知识,而应该将学习放置到庞大的社会网络体系中。知识是无穷无尽的,获取知识的途径也变得十分多样。尤其是网络学习几乎可以为我们提供想要的一切知识。但是,学生的网络学习必须是从社会适应性的角度出发,为了个体的终身发展而开展的学习。习得知识并不是唯一的目的,重要的是转变观念,形成一种网络学习的习惯,重视学习的体验和过程。"终身教育"这个概念是由保罗·朗格朗在联合国教科文组织成人教育促进委员会上提出来的。该概念的提出是对传统教育方式的一种延展。保罗并不否定传统教育,而是认为当人们完成了学校教育之后,传统教育并没有完结。在成人阶段,包括在工作当中,人们需要继续开展学习,这体现了"活到老,学到老"的理念。终身学习是通过一个不断的支持过程来激发人的潜能,它激励并使人们有全力去获得他们终身所需要的全部知识、价值、技能与理解,并在任何任务、情况和环境中有信心、有创造性和愉快地应用它们。可以肯定的是,在信息化日益强化的现代社会,如果不开展终身学习,我们所掌握的知识将远远不够,因为不断更新的知识,新出现的概念、术语、思想等可能会对人们先前掌握的知识产生颠覆性冲击。

有了终身学习的理念,还需要实际的行动,才能具备终身学习的能力。由此,学界特别关注学习者开展终身学习的能力研究。随着信息化时代的到来,尤其是在网络化和碎片化的时代,学习者终身学习的能力包括十个方面:智商与情

商相结合的能力;应用能力或实践能力;关联能力;搜寻能力;分布式学习能力;协作学习能力;信息素养;兼容和整合能力;知识管理能力;决策与创新能力。那么,从工具技能层面来看,信息素养是终身学习能力的基础。

2.学习者需要具备工具技能层面的素质

信息素养就是人们具备如何使用电脑、移动设备、多媒体设备等来搜集和处理信息的能力。具体而言,体现在以下几个方面:一是文本信息处理能力,包括文字输入、电子文档、绘图等;二是信息搜集技能,包括如何使用搜索引擎在线开展信息搜索,从网络上下载需要的学习资源;三是信息通信与传播能力,包括使用网络通信工具(比如,电子邮件、QQ 等)进行信息传播和交换;四是网络教学平台交流互动能力,比如,网络平台学习过程中所进行的生生、师生之间的互动交流。

3.学习者具有社会的属性

在开展网络学习过程中,学习者不是一个孤立的个体,而是具有社会的属性,置身于网络化的社会当中,这种网络互动,研究者称为"异质的集合"。胡啸天指出,异质性具有三层含义。其一,成人学习活动与多方面形成异质性联结,例如,家庭、社区、人工制品、技术等。这些联结,一部分是外化的、可观察到的,另一部分则是属于精神层面的。多种多样的联结,将成人学习活动拓展到成人的生活世界中去,成为日常生活的一部分。其二,异质性也指向成人学习过程中涉及多种多样的人工制品和技术,它们不单单在学习中发挥作用,同时也在成人的生活世界中有相应的意义和作用。其三,成人学习活动并不是同质性的内化,而是异质性的互动。相比学校学习活动侧重于学习者的同质性内化,即学习者如何在类似的情景中分析问题和解决问题,基于社会物质路径的成人学习,更强调学习的异质性,要求超越工具理性,来重新发现学习之余日常生活的作用和意义,但需要遵守法律法规和社会规范。

(三)混合学习空间视域下学生的角色主体性问题

积极教育理论聚焦人类发展的主体性,这其中就包括这种主体性如何在学校教育中得到促进。张立国认为,"人的主体性是在人与物的主客体关系和人与人的主体间关系中生成的",这符合西方哲学提出的"主体间性";而且"学生的主体性只能在'主体间'思维范式的引领下,在'主体—主导'教学结构中形成、发挥和提升。在这一关系中,学生既是占有教育内容的主体,具有主体性,又是师生交往的主体,具有主体间性,其中师生的交往关系规定着学生的本质,决定学生的主体性"。就学生的主体性而言,教育界提出的自主学习理论、自决理论、自我效能感理论等都可以为我们的研究提供借鉴。自决理论是关于动机和发展的理论框架,用于检验如何最大化地促进人的主动性发展。人的主动性需要自我的驱动,而自我来自本质性动机。因此,可以说,本质性动机是自主动机的基本类型。自决理论强调,在课堂上,教师在构建社会学习语境中起到主要的角色作用。研究表明,教师在课堂上提供给学生的自主权提高了学生的学习参与度,使学生减少了课堂焦虑,获得了更高的自我效能感;当学生感觉到教师的关爱、支持,学生将展现出更好的学习成果。

混合学习空间视域下的英语教学,除了课堂教学外,将更多的学习放置到课外的自主学习上,由此需要更多关注教师影响和促进学生的学习动机。在混合学习空间,特别是网络空间,学生无论在何时何地都可以便捷地获取学习资源。在线教学的一个好处就是将教学从传统课堂空间的限制中解放出来,让学生有更多的自主性来完成学习。混合式学习就是将传统的学习方式与网络空间学习方式有机地结合起来,实现了教学互动的灵活性。

自主学习表明,学习者可以独立地规划何时何地以及以何种方式开展学习。自主学习将学习看作主动的、自由的、自我意识的过程,学习者自主地设定学习目标、方向和行动,而不是被环境逼迫、催促的。在混合空间里,学习者需要掌控自己的学习,因此设计的在线学习活动需要培养学生的认知责任感和学习动机。认知责任感等同于认知期待。教师需要采用多种策略来加强学生的认知责任感和自主性。比如,在线学习时,教师可以考虑设置一些任务型问题来鼓励学生开展批判性思考,让学生应用已学到的概念去解决实际生活中的问题,更重要的是,能让学生在解决这些任务型问题中实现认知期待和获得满足感。在线学习空间可以为学生开展学习提供多种选择性。以往的研究表明,自主支持的环境以及多种选择性能够促进学生的学习动机。当教师认识到学生的需要,培养他们的选择性,学生的内部动机就会增强。当然,在实践中也有发现学生消极应对网络学习的情况。为解决这个问题,网络课程的设计需要考虑学生的自主性和学习动机,构建一种自主性的学习环境,关键在于通过提供有意义的、关联性的任务型问题来提高学生的参与度,同时让学生感觉到自己有能力去完成这种任务和挑战。混合学习空间视域下,学生的主体性问题主要从以下方面得以体现。

1. 学生在获取"线下"学习资源中的主体性

所谓的"线下"学习资源主要指的是传统的以纸质为媒介的学习资料,包括教科书、学习参考资料、教辅材料、英文报纸、教师讲义等。学生可以充分发挥学习自主性,选择和搜集自己所需要的合适的学习资源,建立学习资源库。

2. 学生在获取"线上"学习资源中的主体性

所谓的"线上"学习资源则指的是以数字电子形式出现的、网络上可以搜集到的种种学习资料,包括使用浏览器搜集到的教学网页、网络课件、网络视频、音频、图书馆数据库、网络电子图书、网站上有关的英语四六级考试资料等。在学习资源的获取过程中,学生具有自主的选择权和决定权,充分体现了学生的主体性。

3. 学生开展"在线"网络互动式学习中的主体性

网络互动式学习活动是借助于网络交互平台或网络通信技术而开展的师生、生生之间的一种学习模式。这种学习模式既有教师布置的学习任务,又有学生自主开展的学习活动。实际上,网络学习活动更能体现出学生的主体性,因为不同于面对面的课堂互动,网络学习活动没有教师在现场的监督,完全依赖学生的认知责任感和自觉。同时,网络互动式学习中,师生、生生之间所开展的协作构成了一个学习共同体。教师是学生学习活动的指导者、监督者、协助者,而学生仍然是学习的主体。

4. 学生开展"线下"协作式学习中的主体性

在课后,教师可以布置一些协作式学习任务,比如要求学生依据某一任务主题开展研究性学习、探究式学习,小组成员先独自开展学习,然后再开展小组协作,形成小组协作学习成果,以 PPT 的形式在课堂上进行小组汇报。这种"线下"协作式学习需要通过设置让学生感兴趣的探究性问题来调动学生的主体性和参与性。研究性、探究性问题实际上不同于课堂教学中的学科中心主义,它包括综合应用学科知识的"体验性学习"。钟启泉指出,体验性学习的特征及其意义在于:①通过自然、社会和人们的具体关系与交互作用进行学习,从而培养同他人的沟通能力和合作能力,共享人们对于自然与社会的见解。②由于直接诉诸感性,学习效果好,有助于引发"发现"与"兴趣爱好",重建个体的学习经验,将所习得的学科知识和旧有经验加以运用、发展和统整。③有助于调动五官的作用,形成身体、感性、技能、认知的"统整的知识"。

第三节 技术视域下英语教与学的影响因素与策略保障

一、基于技术的外语自主学习影响因素

学习态度对基于技术自主学习产生直接且较大的正向影响,这突出了态度在学生技术接受决策中的关键作用,并由此指出态度的发展和培养对基于技术自主学习开展的重要性。

感知有用性和技术便利条件对基于技术自主学习既有直接的又有间接的正向影响,而且两者对学习态度产生直接的正向影响。此外,技术便利条件对感知有用性也存在正向影响。这一发现有三个含义。第一,学生在技术接受决策上倾向于务实,更注重技术的有用性。例如,学生在外语课外自主学习过程中会使用(或接受)被认为对其学习有用的技术。第二,感知有用性是态度的一个重要决定因素,显示其影响态度形成过程的能力。这一发现与先前学者研究的结果一致,这些研究考察了感知有用性对态度的影响。第三,当学生感知到作为一种外在环境的技术便利条件时,会更加倾向于应用技术开展外语自主学习。因此建议提高学校网络资源的开发与利用,同时为学生顺畅地开展基于技术的课外自主学习创设有利的外部环境。

技术自我效能感通过学习态度的中介作用,对基于技术自主学习产生间接影响。当学生已经具备一定程度的电脑技能和知识时,允许其技术自我效能感以间接方式影响其基于技术的外语自主学习。

主观规范对基于技术自主学习虽有影响,但影响程度非常低。可能原因是,学生对使用技术的看法受到个人过去的经验以及与技术互动的影响,以至于他们不太重视他人的意见(主观规范)。在基于课堂学习的传统方式主导下,使用技术开展自主学习仅作为学生的自主选择,而他们是否采用技术来开展自主学习不会受到外界过多压力的影响。

当前,技术的发展与应用,已经带来了学生学习方式上的变革。尤其是在网络技术发展背景下,学生应用技术进行自主学习具有更大的现实需要。通过实证研究探索基于技术的外语自主学习影响因素,得出的结论能够对教育工作者优化课程设计,提升技术在学生学习中的作用,尤其是更有效利用技术开展课外自主学习,具有一定的启示。同时,对学校和教师如何更好地搭建技术平台,为学生开展课外自主学习创造更好的技术便利条件与基础,带来了一定的启发。

二、技术支持

互联网技术为分布在地理空间上的个人和组织之间的交流、合作以及协作开辟了新路径。我们现在正处于利用新兴的计算机和通信技术来协调和加强教师与学习者之间的互动的能力的关键节点上。由此,随着新技术的不断改革,以及以物联网与人工智能等为特征的新一代技术的不断发展与突破,未来的学习空间需要在一定的程度上实现物理空间与虚拟空间之间的对接,由此一来,学习者完整的学习行为轨迹,包括学习者在学习过程中的一言一行等,都有可能借助学习空间的记录与分析,从而转化为对学习发生原因与结果的判断,进而改变学习空间的决策机制,为学习空间中高度集成的诸系统的决策形成依据,不断发挥学习空间助力智慧形成的中介功能。实际上,从网络上我们可以便捷地获取多种形式的教学资源,正是这一趋势的明显佐证。然而,尽管今天我们可以利用大多数基于网络的教育资源(比如,教学安排表、教学大纲、教学评估表、网站链接以及基本的课堂讲稿)来为教学和学习服务,但是并没有利用这些介质的交互功能,因为网站只是作为一个有效的信息存储库使用。当然,一些基于网络的教育资源,如在线交互平台、微信群资源,可以提供交互和反馈给学习者。尽管如此,我们认为,以网络技术为中心的教育环境所能架构与提供的最大潜能尚未得到有效发挥。网络教学环境的构成因素比较复杂,构成完整的网络教学环境的因素包括:技术支持、教学信息传输的技术模式、网络教学支持系统以及网络教学资源类型及其开发技术。这一基于网站标准技术平台的发展,以鼓励开展更有效的交互式教育活动,并且需要利用在不同高等教育机构所共存的知识体系。教育工作者的任务是为学习者提供最优质的教育经验,即使它需要在一定的约束条件下才是可行的。这些限制包括教育资源、技术条件以及教育工作者在相关方面的专业知识的限制。这些限制在信息技术高度发展的今天已经变得相对微弱。因此,在网络课程混合式教学中寻求教育工作者为学习者提供更好的教育体验是很普遍的。这是一种次优解决方案,因为在不同的机构中使用稀缺资源,在同一领域发展教育经验,而不是协调分配资源到不同的领域并分享成果需要借助技术平台,通过提供明显的技术优势鼓励这种合作。比如,在互联网领域支持协同教育的平台,教育工作者将把他们的努力集中于在他们特定的专业领域中进行改进学习。这些教育材料将与其他学术团体共享,以生成知识库。

(一)虚拟现实技术平台

虚拟现实技术平台支持将建模、仿真、可视化和计算软件集成到网络上的虚拟环境中,生成一个以网络为中心的虚拟环境,它可以支持实现以下目标。

1.基于技术的学习

学习者通过传播在线资源,增强基于技术学习的意识,并获得在不同技术途径中发现的专业知识。在传统的课堂教育中,知识只有在课堂才能被获取,学习者通常被限制在本地可用的教育资源中。虚拟现实技术改变了这种传统模式,因为每个学生都可以在全球范围内进行基于技术的学习。

2.建立伙伴关系

在高等教育机构、学术界和业界之间建立伙伴关系,利用资源和专业知识,为学习者创造更丰富的教育资源。不同机构的教育资源可能表现出不同的范畴和领域,通过资源共享来扩展这些互补的能力可以拓宽学习者的视野。

3.鼓励基于技术的课后第二课堂活动

比如,开展课后的在线学习活动。在这些活动中,学习者回顾、核查、反思课堂学习。当遇到问题时,可以收集资源来讨论并解决所遇到的问题的替代策略。根据皮亚杰的观点,学习者通过同化和适应来构建认知结构,当新的信息融入认知结构中时,就会发生同化。现有的认知结构被修改以适应新的知识或在更高层次的思维中重建时,就会发生冲突,需要调节。由于这种认知冲突,学习者开始重新组织他们对一组特定事件的思考方式。建构主义的学习方式有助于知识的内化。

4.建立语料库

技术的应用可以锻炼学生建立语料库的能力,帮助学生收集和存储相关信息,支持学生的研究工作。学习者通过数据挖掘技术对这些语料库进行深入研究,以获取知识。

虚拟现实技术平台使学习者在模拟场景中获取和习得知识并达成协作学习的能力。虚拟现实技术利用计算机生成一种模拟环境,通过多种传感设备使用户"沉浸"到模拟环境中,实现用户与模拟环境的自然交互,模拟环境对用户的控制行为作出实时的动态反应,并被操作者的行为所控制。虚拟现实技术的成功实现可以将其从构建工程和管理领域的专用工具转换为通用网络技术工具,利用此工具,可以尽可能地开发应用于其他领域的情景模拟,以利于学习者的学习活动。

(二)智能教育与电子学习

现代网络技术的发展为智慧学习空间提供了技术支持,诞生了智能教育。在互联网虚拟大脑结构里,互联网虚拟大脑的中枢神经系统是互联网的核心硬件层,结合信息层能为网络虚拟神经系统提供信息支持和服务。从定义的角度来看,云计算与互联网虚拟大脑的中枢神经系统具有一致的特征。

在理想情况下,物联网的传感器或互联网用户与云计算通过网络线和电脑终端,为云计算提供数据和接受服务。

互联网的中枢神经系统,即云计算的软件系统,可以控制工业企业的生产设备、家用电器和办公设备。与此同时,这些智能制造和智能设备也反馈数据到网络大脑,因此网络中枢神经系统依据这些数据执行决策。在整个过程中,技术和应用,如工业4.0、工业网络、无人机、智能驾驶、3D打印技术等是从互联网和网络神经系统萌发的产品。

随着博客、社交网络、云计算等技术的快速发展,物联网、大数据和互联网等产业规模也以前所未有的速度在增长。互联网用户的交互、来自企业和政府的信息以及物联网传感器实时信息等可以生成大量的结构化和非结构化数据。这些数据大量分散在互联网网络系统中。以上数据包含了非常有价值的涉及经济、科技、教育的信息,这就是互联网数据兴起的背景。信息社会意味着社会的新的属性:一系列的技术手段被训练有素的人使用,以及学科之间的相互作用导致学科边界发生变化。在网络社会,社会结构基于各种网络而建,这些网络由数字式的微电子信息传播科技所驱动。在这种背景下,教育和教育技术的模式也在发生变化——智能学校和大学将开始执行基于社会导向的,具有可访问性、流动性、开放性和技术有效性的新功能。

智能教育和电子学习体现了智能技术和智能教育系统与创新的教学方法、先进的教学策略和高效的学习方法的融合。智能教育的灵活性与现代服务业的社会网络协作和信息社会的开放性密切相关。智能教育概念也指基于智能学习环境,开展自适应学习项目包括生活技能(社会、文化、伦理、创造力、领导力)、计算机知识和逻辑分析能力以及批判性思维。

现实世界的虚拟化趋势也反映在教育体系中,因此电子学习自然成为一种趋势。通过技术和教育的融合,智能教育为满足学生、教师和家长的需要提供了电子学习的方案。

如今,教育工作者努力使电子学习更加全球化、创新、包容和以学习者为中心。在这种背景下,智能教育可以被看作一种基于远程教育的互联网技术的大视角和革命性的概念。在不久的将来,作为教育的一种趋势,作为一个构建学习型互动社区的项目,电子学习的设计与应用将有利于创设没有边界的学习模式。

从最初的通过电子手段学习扩展到与现代信息和通信工具的交叉领域的教育活动,电子学习具有独特的现实意义。从一般意义而言,电子学习是指所有使用信息和通信技术的教育活动;从狭义的意义上来说,电子学习是一种远程教育,它被看作一种有计划的、通过信息和通信技术,特别是在网络环境中进行的教学与学习活动。电子学习概念的意义在于采用技术支持数字教育、在线学习、基于多媒体或数字媒体的培训等。各种电子材料(比如电子字典、百科全书、电子地图、电子书、数字报告、网站、教程、软件、教育游戏等)的开发支持教育教学过程,开展学习、评估和交流,它们被称为教育软件或电子学习的工具和资源。

近年来,电子学习已经成为一种趋势,它表达了社会对教育中人才培养的需求,提供多样化电子模块化课外活动、远程协作活动,以及网络社区的实践或虚拟校园等。我们可以想到很多关于电子学习的真实和吸引人的地方:动画视频,卡通故事,连环漫画;各种阅读文本;摄影;语境化词汇和语法任务;有意义的上下文;阅读、听、说、写教学大纲;与主题相关的听说任务;以学习者为中心的移动学习平台;多媒体内容;个性化学习工具(注释、书签、字典);协作任务和互动写作论坛;分析工具和教师管理系统等。

　　根据社会需要和兴趣,电子学习呈现出多种变化和未来的进步趋势。为了提高电子学习解决方案的有效性,一些常见的做法也变得行之有效。比如,通过使用手机、平板电脑或其他设备向移动学习过渡。游戏和游戏化将在学习中发挥重要作用。谷歌搜索和 YouTube 提供了大量的例子,说明了它是如何通过"开放的头脑"使用资源的。它们被广泛地引入了许多类似于视频游戏学习体验的元素。新方向是将理论指导与在虚拟环境中的实际应用相结合,使用视频和动画是这一领域的一种常见做法,大多数互联网用户都喜欢这种做法。与简单的文本不同,这种做法将信息集中在主题上,简化并易于传播和理解。

　　随着新技术的发展,学习的维度变得更加多元和层次化。教学研究的重点是在一个新的智能学习环境中对学习者和其学习需求与偏好进行研究。而且,鉴于学习者在任何时间和现实世界的环境中都可以进行学习的背景,通过分析学习者的行为和表现,教学研究变得更加有效,同时也更加复杂,因为它需要不断地修正和调整教学方法。

　　目前一些电子学习平台获得了较好的用户反馈,比如,Moodle 平台于 1999年在国际上首次推出,它是模块化的面向对象的动态学习环境,是为学术界而专门设计的。它是一个开放源码平台,可以在任何联网设备上使用,并为每个主题提供不同模式的学习环境,而且它非常灵活,因为它可以适应每一种用户的需求。这个电子学习平台可以通过论坛、聊天、博客或维基等现代通信工具进行协作,建立具有互动性和灵活结构的网站。在这个平台上,信息的层次结构类似于一个图书馆的系统目录。此外,Schoology 是许多用户理想的选择,与 Facebook的社交网络类似,该平台面向学生,通过在线活动促进其教育成果的改善。另外,该平台为教师提供了免费获取各种资源、教育工具和实践的机会,以达到高水平的专业发展,并从世界各地的其他教师那里获得经验。

　　在虚拟世界和现实增强技术给教育带来根本性变化的时代,随着移动设备应用,有必要反思建立在 Facebook、Twitter 和 YouTube 这样的社交媒体工具和应用程序基础上的学习环境,按照学生学习需求、技能和数字能力来提高他们的学习效能。智能教育的理念包括:创新、智能的教学和技术;智慧的教学环境;智能教室;智能课程;在线教育和培训实践;智能评估和测试;智慧学校和大学;在线智慧社区;智能社会等。教学研究的重点是关注学生的学习需求和利益,意味着从传统的基于课堂的教学方式过渡到数字模式。智能课程包括现代信息和通信技术,使学生能够管理和掌握他们的理论、实践、任务、数字技能和研究活动。一方面,借助技术,智能教育为满足学生、教师和家长的需要和利益提供了电子学习的方案;另一方面,学生和教师本身也通过贡献自己的社会、文化、知识技能和创造力来丰富数字教育环境的内容(比如,资源、信息和知识)。

(三)人工智能

人工智能成为自 2014 年以来在互联网领域最热门的问题之一,受到了科学界、企业和媒体的广泛关注。人工智能最初由一群以麦卡锡为首的富有远见的年轻科学家提出,当时他们聚在一起研究和探索智能的模拟机器和一系列其他相关问题。从那以后,研究者们发现了众多理论和原理,人工智能的概念也随之扩展,科学家对其的研究也快速发展。人工智能研究的传统知识始于亚里士多德的《物理学》,他看到了物质和形式的区别,这种区别是符号演算和数据抽象思想的哲学基础。亚里士多德的"逻辑学"是接近人工智能的思想,因为他解释了状态。亚里士多德的"逻辑"很接近人工智能的思想,因为他解释了思想研究是知识的基础。亚里士多德是第一个转向"正确"思维法则的人,即形成确凿证据的过程,发展了一个非形式化的三段论体系,并将其用于设计证明程序。亚里士多德的"知者之师"思想,是研究逻辑推理形式公理化的基础。此外,现代思想和思维的概念主要是建立在笛卡尔的"方法话语"基础上的,他试图用认知内省的方法找到现实的基础。这种精神和物质世界二元论的思想是笛卡尔传统的基础,包括解析几何学的发现。笛卡尔的研究是许多世纪以来发展人工智能领域的知识传统的纽带,因为笛卡尔在他的工作中形成了这样一种状态:心与物理世界的互动。因此,我们发现人工智能问题的答案来自哲学的问题领域。与人工智能有关的其他哲学问题是:什么是智能?如何将它与智能系统理论相结合?人工智能在自然研究和智力现象中的作用是什么?智能机器发展的伦理序列是什么?人脑的认知结构是什么?基于自认知逻辑的使用研究是寻找上述问题答案的有效途径。

事实上,人工智能的发展充满了起起落落。人工智能在过去的几十年里,经历了许多阶段,从乐观到悲观,从衰败到高潮。最新的衰败发生在 1992 年,当时日本的第五代计算机程序没有成功。此后,20 世纪 90 年代初,人工神经网络热度冷却，人工智能领域再次进入"AI冬天"。直到2006年，当时加拿大大学的杰弗里·辛顿教授提出"深度学习"算法，情况才发生了变化。该"深度学习"算法是对20世纪40年代人工神经网络理论的巧妙升级。与浅层学习模型依赖人工经验不同，深度学习模型通过构建机器学习模型和海量的训练数据，来学习更有用的特征，从而最终提升分类或预测的准确性。最伟大的创新是能够有效地处理大量的数据。幸运的是，这个特性是与互联网相结合的，导致了自2010年以来人工智能出现了一个新高潮。

人工智能之后，进入了一个新的时代——网络时代的人工智能。基于互联网的大规模"大数据"及其与现实世界的信息交换，百度的大脑、超级大脑和其他人工智能网络系统也出现了，并且不断创造新的领域和记录。从发展现状来看，无论是物联网、云计算、大数据，还是工业4.0、工业网络、无人机、智能驾驶、虚拟现实、人工智能（深度学习），它们都是互联网开发过程中的产品，应该在互联网的大规模进化中得到研究和思考。

诞生在20世纪的互联网对人类社会带来了越来越多的影响。各种迹象表明，互联网与大脑科学有密切的关系。从2005年开始，科学家的研究发现，互联网将向高度类似于人类的大脑状态发展，不仅有自己的视觉、听觉、触觉、运动神经系统，而且有自己的记忆神经系统、中枢神经系统和自主神经系统。另外，不断发展的互联网将有助于神经学家探究大脑的秘密。这项研究促使我们探索是否有可能模拟一台超级计算机的大脑网络的网络功能和架构来建立人工智能系统模型。同时它需要我们检查是否还可以根据互联网的最新发展增加或减少相关的功能和改变体系结构。

人工智能系统的理论基础与网络化的大脑就是想实现上述类人脑超级计算机网络模型。它应该结合稳定的典型应用和互联网的架构，模拟程序和数据库，并将其以视觉形式呈现。作为一个巨大的系统，互联网经历近几十年的发展后，已经包含成千上万的应用程序和子系统。此外，作为快速发展的结果，互联网每天都会产生新的应用程序。正如马颖峰所指出的那样，智能浏览器、智能代理、智能数据库系统、智能知识管理、智能答疑系统、智能组卷等技术，已经实实在在地走进了网络教学中的知识传授、问题解答、教学评价、资源管理与应用等方面。

通过建立人工智能的应用程序库系统模型的网络化的大脑，可以建立一个新的人工智能系统模型来模仿超级计算机网络功能和体系结构。建立网络化的大脑的人工智能系统模型包括以下三个步骤。

其一，保证类网脑人工智能系统的硬件基础：①大型计算机。②实验室级传感器网络。传感器网络将与脑模型的其他部分相互作用，在"神经元"的社交网络账户中进行类似互联网的大脑的模型建构。

其二，实现类网脑人工智能系统的功能：①在一个类似互联网的大脑的人工智能系统中建立微型社交网络、维基百科和搜索引擎的功能。②连接虚拟视觉、听觉、感觉和运动系统，这些系统建立在物质的微型网络上，并连接到类似网络的大脑的人工智能系统。③运行微型社交网络、维基百科和搜索引擎，以及建立在人工智能系统模型中类似网络大脑的微型物联网系统，以生成大数据。④将机器学习和深度学习等人工智能算法应用于类网脑的人工智能系统模型。

其三，利用数据可视化技术作为交互媒介，以视觉的方式呈现服务器上类似互联网的大脑的人工智能系统的运行，使人们可以通过神经元账户模拟社交网络来控制它。研究方法包括：持续改进、更新和研究类网大脑的人工智能系统模型，并在模型中添加新的网络和大脑科学功能进行测试；继续在类网大脑的人工智能系统模型中添加信息和知识库系统。在每一个模拟社交网络上运行人工智能处理和实验人员操作；观察类网脑人工智能系统模型的智能特性。

我们可以看到，智能城市、人工智能、物联网、云计算、大数据、机器人、工业互联网、脑科学、科技哲学等多个领域相互关联、相互影响。今天，人工智能在人类生活的各个领域都发挥着关键作用，并致力于创造一台具有类人智力的计算机。分析人士认为，高度专业化的人工智能将会出现，然而，创建一个先进的智能系统需要首先解决几个问题，如知识在人工智能系统中的作用问题。

然而，人工智能以及复杂而又极具前景的数字文化技术对我们的教学究竟意味着什么？王艳霞认为，"与传统课堂模式不同，人工智能助力打造的智慧校园可以做到依托人工智能的数据挖掘技术，分析学习者特点，建立因人而异的'一对一型'学习模式；借助计算机辅助手段进行智慧课堂设计，促进语言学习者的自主学习，建立阶段性及整体性学习效果分析；减轻高校教师规律性工作量，继而使教师得以将更多的精力投身创新性工作中；同时利用情感计算、大数据、智慧教育、深度学习、人机互动自适应学习、机器人学习等将传统的课堂灌输式教学模式进阶为多元化、智慧化的生态教学模式"。

今天，AI的专家们对两个最基本的问题特别感兴趣：知识呈现和搜索。在知识呈现的情况下，我们从计算机操作过程中所使用的形式语言的能力入手，探讨知识获取的本质。关于人工智能范围及其应用领域的主要问题，我们可以从中找出符号和操作的结构，通过这些方法来探索解决问题的智能方案，并寻找由某些符号结构和操作所引起的解决方案的战略指导方针。知识呈现和搜索问题是人工智能问题领域研究的基本范畴。

以知识为结构的网络系统掌握了社会的主导资源、知识的新形式、知识社会的形成过程，这就必然要求新的知识呈现形式及其各种模型的发展。这个问题的重要性和困难在很人程度上取决于知识结构，而知识结构又取决于这一知识的应用范围，这种结构包括主体领域的事实和这些事实之间的联系及行动规则。

人工智能发展到现阶段，很多专家探索了不同的知识呈现方式。它们包括逻辑模型、基于框架的生产系统和语义网络，这是最典型的知识呈现模型，应用于人工智能的认知研究中。在逻辑研究中，对知识呈现的理论方法进行了分析。例如，基于一阶谓词逻辑的知识表示模型。对于其他知识表示方法，它们是基于数学形式化的。知识表达的具体方式与知识的具体结构有关。许多分析人士认为，人工智能领域研究的历史（不包括早期阶段）是作为知识呈现方法的研究和解释的历史。知识的应用是指根据知识呈现的形式获取解决方案的技术。知识库作为知识体系的一个组成部分，不仅包括描述的知识，而且包括应用这些知识形成结论的机制。

综上所述，人工智能的发展是技术与知识结合的生动体现，为基于技术的英语教学与学习提供了多维的路径，并且拓展了研究范畴。这些研究范畴将涉及语言的学习与处理、知识呈现、智能搜索、机器学习、知识获取、感知问题、模式识别、逻辑程序设计、神经网络等。我们应该充分应用人工智能所提供的技术支持，为进一步开展英语教学实践、拓展英语教学研究进行技术性探索。

三、教师专业发展

(一)教师成长

对教师成长的关注开始于 19 世纪后期,主要是由于工业的发展以及对公共教育的重视。新教师成长为专业型教师是一个复杂长久的过程。新教师成长可以区分为三个阶段:蜜月期、危机期和渡过期。由此看出,新教师成长的最初阶段是教师融入学校、学科专业框架和社会结构的阶段。因此,如何帮助那些刚刚进入教学岗位的新教师适应他们的教学与生活,使他们从一开始对教育不产生"厌倦感",是很重要的。教师的理念很大程度上来源于他们个人的经历,如果新教师从一开始就对教育工作失去信心,那么这是相当可怕的。而且,新教师在适应了自己的工作之后,还有更进一步发展的问题。如何让新教师真正地实现从学生到教师的转变,这就需要外部环境的支持和他们的探索型实践,因为教育领域中很多重要问题的解决,比如教学方法的选择、课程的设置,都必须建立在教师的发展之中。教师观念的转变,教师的角色定位,教师的专业知识的发展,教师的研究精神的培养,对教学都是至关重要的。周亚新认为,如何对新教师进行发展性评价,从而有效地促进高校新教师的健康成长,最终实现高校的持续发展,也是高校管理部门迫切需要解决的问题,因此他提出了新教师成长的策略研究。由此看来,教师的发展是一个需要建立在丰富的教育实践经历和教育体验基础上的自主发展进程。

(二)教师成长的外部机制

1.学校文化

学校作为一种组织机构,当人创造了它,它就与教育形成了直接同一的价值。如果组织成为价值的化身(学校的文化控制),那么将产生人与组织之间的某种异化关系。当学校的潜在价值(比如高升学率)成为学校的主流文化,那么它将阻碍学生的真正学习和教育。另外,这种潜在价值会导致学校的课程被预先设计,而忽视了教师的创造性和独特性,教师就会屈从于学校中统一的价值观与教学,从而使个人的有机成长变成了被动的过程,他们把自己的棱角削平从而进入组织的规范中。教师受制于学校的组织化,只能在教学中学会如何接受、如何遵循和如何屈从。

当新教师试图在新的教育形式中重新树立自己的形象,强调自我决定选择有利于学生成长因素时,可能会遇到学校组织文化的障碍。更确切地说,对学生知识学习效果的担心导致了他的教学探究的内外压力。从学校外部因素来讲,学校和家长担心新教师经验不足会导致学生获取知识量和质的差异以及知识结构的缺陷。对于一个新教师而言,除非具备进取心和创新精神,否则要加强对具体知识在学科发展和学生发展方面价值的认识,组织起有深度的教学活动是很难的。这就告诉我们,建立持续、有效的对新教师的专业支持机制,改进和加强促进新教师成长的激励机制是至关重要的。当新教师试图树立自己的教育目标——改变获取知识的方式,让学生获得更活化的知识,培育学生的是获取知识的智慧以及对知识、对学习的一种积极的情感和态度时,如果学校的组织文化给新教师的教学探究带来压力,阻碍他的创造性努力,将使他屈从于学校的价值体系而丧失了他的专业成长机会。

2. 教师学习共同体

学习共同体是通过团队学习来促进教师、学生和学校的发展。吴宗杰等人认为,作为一个有组织的安排,构建教师学习共同体被认为是一种强有力的教师发展途径和促进学校文化和发展的潜在策略。学校领导班子的价值定位在很大程度上影响学校的发展方向。在学习共同体中,学校领导关注中心不应该为规则与控制,而是强调民主管理,关注教师的共同远景,建立学校未来的发展方向。首先,学校应该鼓励教师合作。教师间的相互合作、共同学习是教师专业发展的一块基石,对于新教师的发展更加重要。在学习共同体中,新老教师之间在知识结构、思维方式和认知风格等诸多方面都存在差异。在合作的群体中,新老教师间要相互理解,加强信息交流,心与心的对话、思想与思想的碰撞会促进教师的认知、动机和情感的整合和全面发展。其次,吴宗杰等人指出,教师学习群体为教师们提供了一个安全的场所,使他们能放心地分享各自的经历,表达对教、学和人生真实的想法;通过批判性思考,一起观察和商讨教学,共同承担风险。学校要尽力为教师团队的学习创造机会,在学校内鼓励教师共同研讨工作计划,讨论教学策略,分享学习成果。最后,在学习共同体中,要注重教学科研。团队科研是一种组织学习文化,是通过团队成员间的讨论、交流、集体实践达成的各成员的创造性认识。学习共同体的学科科研活动是一种基于问题的学习。由于新教师的教学缺乏一定的经验,教学工作中难免会出现一些问题。教师要善于发现问题,并通过集体智慧解决问题。同时,改变教学评价体系非常关键,要想让新教师对教学科研怀有热情,对新教师的评价直接影响到他们的教育态度、行为和价值取向,对于新教师的成长,要在肯定中鼓励,在鼓励中肯定,使家长、学生、领导对新教师的评价促进他们的发展;肯定新教师的成绩,指出下一步工作的重点,由此来提升新教师的热情,强化他们的教育实践动机。

3.教师成长的激励

学校可根据新教师成长的特点,最大限度地调动新教师的积极性。培训使新教师完成从学生到教师的角色转换,适应教育教学环境,熟悉教师常规工作,增强工作信心;使新教师进一步巩固专业知识,加强职业道德修养,热爱教育教学工作,热爱学生,增强事业心和责任感。学校应引导新教师熟悉大纲及教材,熟悉班级管理工作,尽快提高教育教学技巧与能力;学校应从理念上激励教师产生自我成长的动力;学校应让新教师意识到整体教学设计的重要性。陆俊旭认为,学校可采用目标激励、精神激励和物质激励等手段来激发青年教师实现自我价值。在具体操作技能上,虽然新教师也许不能从根本上转变教育行为,因为他们没有掌握足够多的教育教学技巧,但是如果能具体指导新教师的教育教学实践方法,并且启发教师认真总结,善于观察和应用,那么新教师就可以在实践中成长。

另外,大学时期学到的教育教学理论与现实中的教学行为有一定的差别。当新教师们走进学校的时候,他们对实际的教学显得准备不足。因此,对新教师的成长激励在职前教育中就应突显出来。这启示基础教育培养师资的院校应注重基础教育教学研究,培育和发展职前教师技能。

总之,学校作为教师开展教学的场所,对教师的影响不言而喻。新教师所处的学校文化对他们的发展具有比较大的影响。学校应该对新教师的发展创设平台,应该以一种民主宽松的态度对待新教师成长中出现的问题,而不应该以行政命令或处罚来束缚新教师发展以致限制了他们的热情和创造性。新教师刚刚进入工作岗位,在经验方面欠缺一点儿,教育机构应该为他们的发展提供支持和帮助。教育培训和对新教师进行心理辅导是比较好的途径。帮助教师全面成长。一个人的成长绝不仅仅是职业方面的成长,帮助教师提升其他方面的素质必然会对其职业能力和职业素质的提升有所裨益。

(三)教师在线专业发展

1.教师在线专业发展的内涵

教师在线专业发展理念的产生得益于以因特网为媒介的现代信息技术的发展与支持。在线教师专业发展,顾名思义就是教师利用网络进行在线学习或互动,在共同建立的学习环境中实现个人或群体的预定目标。与传统的教师专业发展模式相比,在线教师专业发展可以突破"在场"的时间与空间限制,实现"在线"的交流、互动与知识共享。

一般而言,在线教师专业发展可以分为两种类型。一种是结构化和有组织的,教师参加在线会议和网络课程学习,获取相关证书或学历。这种类型所需的费用较高,效果取决于教师有没有时间和参与程度。另一种是自发型的,教师根据自身的需要和兴趣选择参与,具有一定的针对性且较为自由,取决于教师的判断力和爱好,主要活动包括通过 E-mail 和聊天室与其他老师交流意见、学习心得和经验,阅读在线杂志,研究与查找课程相关的材料等。在线教师专业发展的优点是可以激发教师的学习动机,促进教师的自主学习,提高教师的技能和知识水平,增强教师的互动能力;其基本模式是集阅读、讨论、活动、实践于一体的学习共同体的构建;其特点是自主性、交互性、个性化、体验性和经济性。

2.教师专业发展的在线学习共同体机制构建

(1)体系结构。学习共同体是指"由学习者及其助学者(包括教师、专家、辅导者等)共同构成的团体,他们彼此经常在学习过程中进行沟通、交流,分享各种学习资源,共同完成一定的学习任务,因而在成员之间形成了相互影响、相互促进的人际联系"。在这样的共同体中,成员对团体具有归属感和自我认同感。

"在线"是以网络环境为媒介构建的一种虚拟社区,它不仅是学习化社会的一种学习组织,也是由计算机、网络和人组成的一个人机系统。教师在线学习共同体就是以广大教师为参与主体,以网络为交流平台,以合作交流为目的,以教师专业发展为最终目标而建立的虚拟共同体。参照何英所做的关于基于虚拟社区的中小学教师知识共同体构建的研究,本书将教师专业发展的在线学习共同体的成员分为三类:学习者(教师)、专家、管理员。学习者指的是参与该学习共同体的教师;专家是指具有资深教育经验的研究人员、教研人员、专家教师等,他们会对教师的专业发展给予必要的引领与指导;管理员是指系统的维护人员和网络技术的指导员。根据在线学习共同体的分工不同,可以相应地分为学习者系统、专家系统和管理员系统。从该共同体运作和信息关联的角度来看,教师在线学习共同体可以分为三层体系结构:交互层、媒介层、资源层。

1)交互层。交互层由学习者系统、专家系统和管理员系统所构成的交互的计算机界面。通过该交互模型,学习共同体可以实现群体互动和资源共享。具体来说,新闻通知模块用于发布最新消息、通知和动态等;学习讨论区模块的资料来源于教师的工作实践,目的是使共同体成员之间认识与分享教学实践中遇到的问题,发挥集体的力量解决实际问题;资源共享区模块包括教学案例与课件、教学设计与实施有关的各种资源和经验,课程教学策略和评价工具,课程学习资料,教学实践的反馈和反思等。专业工作坊是相同专业教师之间的协作组,提供专业发展的知识共享和促进共同研究。在专家系统里,知识管理师是指在促进知识分享创新的目标下,具有丰富教育经验和专业领域知识的专家教师扮演重要的领域教学知识创新、分享和传播的角色。在反馈与评价模块中,专家教师对共同体成员专业发展进行反馈和评价。在管理员系统中,管理员的职责在于整理和维护在线课程资源、发布相关的新闻通知、指导教师使用计算机。在线专业发展项目中的技术支持不仅为个体在线用户提供服务,也为区域网提供技术服务。

2)媒介层。媒介,就是指介于传播者与受传者之间的用以负载、传递、延伸特定符号和信息的物质实体,它包括书籍、广播影视、网络等及其生产、传播机构。这里的媒介层是指网络环境。它的功能主要体现在:集中了系统主要的网络服务和分析处理功能,起到连接客户端和数据库的中介作用;负责接受客户端发送的请求,以 ASP 技术与数据库连接,进行数据申请与处理,再传至客户端;通过软件和硬件实现对资源层中数据资源的有效监控并保证数据的安全性,对各项功能进行日常维护,对注册用户的基本资料进行管理。

3)资源层。资源层借助网络信息技术的支持,提供构建在线学习共同体的数据资源,包括学习资源库、学习者和专家信息库、论坛资料库、活动信息库等基础数据库。这些数据资源能够确保在线专业发展的顺利实施,使得共同体的所有参与者能够通过登录网络平台随时参与在线学习,同时也能确保在线学习进程中进行资源共享与对话协作。

（2）要素分析。网络条件下创建共同体的基本策略有以下几条：明确定义共同体的目的；创建共同体的虚拟空间；从共同体中产生领导人角色；制定共同体的规则和行为准则；分配或由内部产生一系列的成员角色；在共同体内部建立小组；由成员自己解决内部产生的分歧。构建教师专业发展的在线学习共同体有以下构成要素。

1）共同的文化认同。即使在同一所高校，不同的学科部门也会形成不同的文化风格。对教师学习共同体的文化认同就是集体身份的认同，这种认同不是部门群体的，而完全是文化性的和社会性的归属感。从社会学角度看，它是人的社会属性的表现形式。这种对价值观、身份、理念等的文化认同，能够稳固知识共同体，促进个体之间的知识分享与经验交流。

2）共同的学习氛围。学习文化是在学校文化建设中逐步形成的弥漫于校园的乐学氛围，是能促进学校持续发展的文化。学校的学习文化是整体文化中的一项重要内涵，亦是一种学习现象，包括无形的学习价值观与有形的学习行为。在知识共同体中，我们有必要创设学习文化，激发学校每一个成员强烈的学习意识，活跃个体的思想。

3）共同的学习机制。构建学校学习文化要引导教师形成基于问题的学习机制。这种学习机制可以简单地归结为五个要点：为改进自己的教学而学习；针对自己的教学问题而学习；在自己的教学过程中学习；为参与解决他人遇到的问题而学习；为知识共享而学习。教师合作学习的共同体最终可以促进教师的认知、动机和情感在合作学习中的整合和全面发展。

4）共享的学习资源。在高校的学习共同体内，基于网络环境的学习资源是一个基本的条件，决定了教师群体学习的选择和学习的机会。教师群体通过共享他们的知识经验和学习资源，建立"知识库"，共同承担任务，解决实际问题，为群体及个体的专业发展提供智力支持。

5）共同的行动研究。行动研究是教师对自己课堂中的教学现象进行反思，探讨并改进教学以提高质量的一种探索性研究。通过开展共同的行动研究，教师群体可以共同探讨和研究教学中遇到的问题，以集体的力量共同解决问题。

6）共同的愿景。教师学习共同体的共同愿景是共同体中每个成员真心向往并愿意为之奋斗的目标,并且是推动共同体行动的内在动力。这种共同愿景是在个体的个人愿景的基础上通过合作交流、协商分享来形成和发展的,这样就能有效地解决共同体中出现的分歧。共同愿景是对教职员工的一种利益吸引,也是对个体行为方向的一种指引。

3.教师在线学习共同体的构建策略

(1)构建在线学习共同体的团队文化。学校是一个微型的社会组织。如果从人际关系出发来考察的话,学校这个微型的社会组织可以分为三种形态:原生态的共同体社会组织、群集性社会组织和学习共同体。学习共同体是以知识与伦理的共同拥有为纽带所结成的自觉化的共同体,其特征是共同体内部的每个个体在与他人的交流中生活。学习共同体的构建要寻求种种的共同体的文化关联,加强与外部世界的交流,营造互动的人际关系和特有的文化氛围。在线专业发展项目的有效实施,首先,需要一定的激励措施,以提高教师参与的积极性,通过激发大家的团队意识来增强学习者共同体的凝聚力。团队文化有助于组织协调在线专业发展的各种活动,如选择在线课程学习内容、组织在线讨论会和在场研讨会、评估在线学习与研讨的绩效,以及商讨进一步的专业发展内容和策略等。其次,构建学校学习文化要强调教师群体的合作学习。在合作性的群体中,个体具有较强的工作动机,往往能够相互激励、相互理解。这种合作学习,不是参与者个人智慧的叠加,而是群体智慧的碰撞,这样会带来参与者原有认识的超越,生成新的观念。

(2)资源的共享与信息交互。学习共同体是一个合作与交流的平台,它可以基于任一个群体或团体,让具有共同兴趣爱好或来自同样团体的人们成为其成员。虽然,成员的同质性是共同体的重要特征,但从共同体发展的角度来看,异质共同体更能促进成员之间的积极交往和共同体知识的创生,特别是教师在线学习共同体在很大程度上加强了教师和其他异质成员及群体的交往,促进了教师的协作学习,使教师成为主动的学习者。在该共同体中,成员之间良好的互动与交流以及互动机制的支持可以使他们分享知识和智慧。从理论基础上看,以维果茨基为代表的社会建构主文认为,知识的建构发生在与他人交往的环境中,是与他人合作与互动的结果。教师在线学习共同体中的资源共享与信息交互需要网络协同学习环境为基础。为支持教师在线学习共同体持续的交流协作活动,教师在线学习共同体需要为他们提供有力的交互工具,包括实时的界面交流以及非实时的沟通工具(比如邮箱、留言板、BBS 等)。该系统将资源共享、信息交互与学习任务结合在一起。基于信息技术支持,在线专业发展在实施中集文本、视频、音频于一体,实现了学习内容与方式的网络化和参与者的最广泛互动。在线学习共同体中的资源共享与信息互动克服了知识的"无序"状态,以一定的框架和媒介统一各学科和个体的纽带,促进了学科与学科、个体与个体的交汇,从而创造出的价值远大于个体知识之和。

(3)教师专业发展中的对话与协作。一个对话与协作的学习共同体,有利于增进知识的积累。建立在对问题领域全面深入的对话与协作,是学习共同体存在的生命线。在学习共同体中,处理问题的关键不在于勉强地捏合意见分歧,而是要在尚存分歧的领域进一步激发有意义的对话,以对具体问题有更深入更全面的把握。教师专业发展由传统的"在场"转向"在线"反映了一种社会趋势,即信息技术的大发展使得思想的传播跨越不同人群,也穿越时空,合作也在超越国界、民族。传统的教师专业培训并未从根本上改变教师专业发展的封闭性,缺乏团队合作,而在基于网络互动的在线专业发展中,教师不仅能分享学习资源、技术知识和经验,而且能通过一个多层次的交流平台和一种开放的对话机制,促进知识的创生。可以说,对话是学习共同体有效运作的一种媒介。从某种意义上说,没有参与、对话、交流的媒介就没有真正意义上的学习共同体。同时,以对话为媒介的学习共同体中,群体的协作能极大地促进成员的积极性和工作成效。协作是学习共同体群体活动的重要方面,其核心是让个体"共同"完成某项任务。

第六章
跨文化视角下的英语教学

第一节 深层文化与语言教学

一、深层文化

文化是知识、经验、信仰、价值观、行为、态度、意义、层级观、宗教、时间概念、角色、空间关系、宇宙观等所累积的沉淀物,是数代人不断努力获得的物质和精神财富。

文化可分为表层文化和深层文化。表层文化是指显露在外的文化,包括服装、道路、建筑物、饮食、家具、交通工具、通信手段、街道、村庄等;深层文化的范围远远超过表层文化,诸如思想、信念和评价等。深层文化主要是指软文化,即精神文化,其中枢是观念(包括传统观念与当今观念),而核心是价值观念,包括人权观、劳动观、婚姻观、发展观、宗教观、法制观、道德观、个体与群体观。价值体系是各种观念的核心,是文化的深层内核,是民族文化的精神本质,决定着文化的特征和风范。

文化总是在不断发展的,只有深层文化不太容易改变。文化"深层结构"是指一个文化不曾变动,它是相对"表层结构"而言的。而文化的表面层次自然是有变动的,而且这种变动往往是常态。同一个语言群体中的人,肯定按照他们的深层文化价值观来行动。

价值观是文化的核心,其他部分像是洋葱的皮一样,层层包裹着核心。

外层的皮是文化的可见部分,而内层就是文化的不可见部分,层与层之间都有连接,内层可以影响外层(不可见的部分影响着可见的部分)。首先,最外层是符号,即词汇、手势、图画等。其次是英雄(即活着或死去的人物,真实的或想象的,只要他具有在一个文化中被高度赞扬并成为行为楷模的特质)。最后是仪式,指为达到理想的目标在技术上并无必要的集体行为,但在一个文化中它是必需的,因为它使得个体限制在集体的准则内。

学习文化,不仅要学习表层的文化(文学、艺术、食物、衣饰等),还要学习文化的核心(人们的价值观、信仰),这样才能有助于我们更好地理解文化和与对方沟通交流。

文化"冰山"论,将文化喻为冰山(文化有可见和不可见的因素),因为文化中只有一小部分是可见的,例如,食品、衣服、图画、建筑、舞蹈等,这些是视觉可以触及的;更大部分隐藏在水面之下,例如,观念、态度、喜好、爱、恨、习俗、习惯等,这些都是仅凭视觉难以触及的。

爱德华·霍尔指出,"文化所隐藏之物大大甚于其所揭示之物,奇特的是,它所隐藏的东西最难为其自身的参与者所识破"。

二、英语教学中要正确对待文化输入

(一)英语教学中对目的语深层文化的忽视

语言是人与人相互接触时所使用的交际工具,是人与人之间传达信息或表达思想的媒介。语言不仅是符号系统和交际工具,也是使用这种语言的民族历史文化的载体。语言就像一面镜子反映了民族历史、文化、心理素质的深层结构,潜移默化地规范着一个民族看待世界的价值标准和思维方式。

相对文化的深层结构而言,语法规则就只是语言的表层结构。文化的深层结构包含世界观、家庭观、历史观。世界观是人们对世界的总的看法和根本观点。家庭是最先教会孩子接触文化的,影响其观念和交流。历史则是传承过去的故事,影响观念并教会群体身份、忠诚和为什么而奋斗。

在英语教学中加强文化教学,更重要的是关注到文化的深层结构和深层文化的差异,要注意以往英语教学中对目的语深层文化忽视的现象。中国学生在跨文化交际时犯文化方面的错误,那些属于表层文化的错误是容易改正的,但是那些和价值观、信仰等有关的"深层结构"错误,需要更多的努力和时间才能改正。由深层文化引起的错误比语言错误后果更为严重,很可能使中国人和外国人在交际中导致情感上的不愉快。例如社会学系的一名学生因故没去上外教的一次课,后来在校园里偶然碰到了外教,外教向学生述说由于她生病了,所以那节课没上成,这名学生听后高兴地说:"这下太好了,我没缺课! 我还担心自己错过了你的课呢!"结果他发现外教不太高兴。学生觉得不落下课程是重要的,他这样说是想表达他喜欢外教的课程,是对外教的一种褒奖,同时也表明自己是一名很用功的学生;但外教觉得人是最重要的,她生病了,学生不但不表示关心反而如此高兴,真不可思议! 学生表述时没有犯语法错误,却由于两种深层文化的巨大出入产生对待事物价值观的差异。

在培养非英语专业学生跨文化交际能力的教学过程中,忽视了一个极重要的方面,即深层文化的输入。学生在英语课堂中接触到的基本上是目的语文化的外壳。英语教学要传授语言知识和口语能力训练,要尽可能地具体化、形象化,组织趣味性与严谨性并重的活动,如表演、讲座等,比较中外文化的差异。但是,做了很多努力之后,发现学生的跨文化交际能力依然没有很大的提高。原因在于,对学生进行文化背景的教育时,我们往往忽略了宗教这一对世界各国、各民族都产生重要影响的因素。自远古以来,宗教为世人提供了建议、价值观和引导。宗教努力去解释那些无法理解和解决的人生概念。其理论讨论了生和死的本质、宇宙的创造、社会和群体的源起、个体与群体的相互关系,以及人与自然的联系。在过去一万年间,地球上还没有哪个群体的人是没有宗教的。从整个人类的历史来看,宗教自原始社会产生以来,至今还对哲学、历史、文学艺术、科学产生着影响。因此,不研究、不了解宗教和宗教的历史,就很难全面地了解世界和中国的哲学史、思想史、政治史、科学史和文学艺术史。

(二)英语教学中对目的语文化历史与关联的忽视

在英语的课堂教学中,对学生进行跨文化交际能力的培养,有意识地输入目的语文化,要有大文化的视野。但在实际的教学实践中,处理文化元素的方式却是任意和缺乏计划的,学生也只根据自己的兴趣来选择。比如在讲运动时补充介绍美国篮球职业联赛(NBA);在讲食品时介绍美式快餐;讲节日时介绍圣诞节和感恩节;讲色彩时,说明红色在中国人和西方人眼中的不同;讲词语时,说明中国人崇拜龙，而西方人则认为龙是怪物等。这些文化背景知识及元素的输入，使学生对目的语文化加深了解是有用的，在跨文化交际中也是必要的。但关键在于，这些散乱的介绍，实际上割裂了文化的历史性和关联性。爱德华·霍尔指出，文化的各个方面都是相互联系的——一旦你触及文化的某个方面，其他方面都会受到影响。

我们的学生在和外教，尤其是和美国籍教师交际时，常常表现出对中国悠久历史的自豪感，同时感慨对方来自一个历史太短的国度。但事实上，美国的本土文化传统很长，从欧洲移民到新大陆的人也同时带去了欧洲的传统和文化。欧洲文明孕育出美利坚合众国，美国是欧洲文明的延伸，将近80%的美国人是欧洲血统。美国继承了从古希腊、古罗马到文艺复兴和启蒙时期的西方文明的平等与理性，共和与法制的精神和制度。诸如《圣经》、荷马、柏拉图、莎士比亚等，都是美国文化的核心。直到"一战"前，凯撒的统治仍笼罩着这片土地。那些因文明而熠熠生辉的国家都曾在罗马帝国的版图之内；法律原则要么是罗马的，要么衍生自罗马的法律；人文教育大部分都使用罗马语言；已成为完美的永恒标准的哲学和诗学属于罗马，或者由罗马人传播到世界各地。最重要的是，个人或国家政治伟大的典范都来自罗马。

由此看出，对学生的目的语文化输入，应从时间、空间的大框架下进行教学和研究，树立大文化的概念，培养学生对文化的共性和差异的整体认识。学生学习英语的目的是用来和英语国家的人员交际，汲取他国的先进科学、文化精华，更好地进行跨文化交际。学生的英语问题，不能仅从表面上认为是由于中国学生羞涩、顾及面子，或者词汇不够、语法不精，还应该考虑到在英语教学时，我们缺失了对精神文化、软文化等文化背景知识的输入。

(三)对目的语文化经典阅读的忽视

目前，学生和家长包括部分教师对"英语好"的认识，似乎定义为"考试成绩分数高"。如以中学生高考英语分数为标准判断其英语水平，或以通过英语四、六级考试来证明学生的英语水平。此种情况下，学生容易陷入"考证热"，片面追求考试分数的提升，很多学生去考商务英语等证书，更有学生以托福多少分、美国研究生入学考试多少分、雅思多少分，来表明自己的英语很好。

苏霍姆林斯基曾试过用很多方法去促进学生的思维，得出结论认为，最有效的方法就是扩大他们的阅读范围。因此,在英语教学中,应该重视学生的阅读广度和阅读深度。

哲学在英语教学内容中是被忽略的。哲学(philosophy)一词,是古希腊人所创。古希腊人把热爱智慧、追求智慧作为人的始终如一的精神状态。从古希腊的毕达哥拉斯、苏格拉底、柏拉图、亚里士多德以及古罗马的西塞罗,到后来的卢梭、孟德斯鸠、康德等,西方哲学大师对西方的思维方式、民族性格、公民文化及崇尚民主、自由、科学和理性的传统,都有深刻的影响。

中国人讲"天人合一",而西方哲学则持"天人相分"的观点;中国人遵从集体取向,而西方人崇尚个人奋斗;在时间取向上中国人常感怀过去,而西方人则着眼于未来;在思维方面,中国人重整体、重主体,而西方民族重逻辑、重理性、重分析;反映在篇章组织结构上,汉语是螺旋型,而英语早直线型。

哲学的使命在于把个别、具体的事物与寻常可见的东西联系起来,最终深入到人与自然融为一体的境地;同时,哲学也是一切精神活动的中心,每一项科学活动,甚至所有内在目标的人类努力,都根据哲学确定方向,并从中获得精神的生命力。就语言来看,哲学的有益影响几乎遍及所有方面。在一个民族教育中,科学教育的性质越偏于哲学,就越有助于语言的发展。因此,加深学生对最根本的哲学层面上的文化认识,不仅有利于提高跨文化交际水平,而且有助于提高阅读、写作、听力等各方面的语言技能。

经典的文学在英语教学内容中也是被忽视的。文学是第二语言教学中可行的组成部分,其主要功能之一是作为媒介传播。没有文学,就不能发现他国文学的独特和对多样的叙事文体的深层次理解,从而也无法理解其他国家人民的相似性和不同性。无论是全球经济发展,还是多民族的社会,都需要公民能够理解自己和他国的语言、传统和文化历史。学习者阅读文学作品能帮助他们发展语言能力,而文学中所阐述的目的语文化的价值观,有助于重新定义学习者在母语文化中获得的价值观。文学作品相当于提供了一个新的视角,帮助学习者了解文化之间的共同点和差异处。英语教学中的阅读材料可以教授文化,如果其只是我们自己根据不同难度和水平架构的语言体系,这样的内容常常没有文学成分。

被忽视的还有古典文化,尤其是希腊文化、罗马神话。希腊文化是欧洲文明的源头、人文主义的摇篮,也是西方全部人文研究的根底。两千多年来,古典文化不仅是西方学者从未间断的研究对象,更是他们永远眷念的精神家园。古典文化产品因代代相传而得以延续久存,其作用和影响惠及当代。"这些产品播种着生命,因为它们本身即生成自完备的生命",但在英语教材中没有这方面的内容。

解决现代社会面临的理性危机就要完善学生的天性,使学生懂得关于人类的永恒问题。这就需要开展通识教育,"回到传统,阅读经典",让学生接触名著,以净化他们的灵魂,懂得追求卓越与德行的完美。学生要阅读原著,经典教育的最好途径是将注意力放在经典作家的著作本身,而不是放在论述他们著作的书籍上,必须使读者与天才面对面接触。经典著作揭示了人类普遍关心的基本问题,教师在教学中要引导学生在学习过程中不断思考:它们如何影响我们的生活,如何医治我们的疾病,如何改善并弥补我们的缺陷,何处是我们的榜样,何处是我们的警告,培养学生批判性思维,继承人类优良文化传统和普世价值。

第二节　文化定势对英语教学的影响

一、定势

沃尔特·李普曼于 1922 年使用定势一词,有时也翻译为刻板印象。定势是对一个群体成员类别的一套夸大的期望(如加州人、纽约人、律师、医生),或者是对一个成员资格群体所持的潜意识的信念,是对一个身份群体过于一般化的概述,以及对其文化过于简单化的态度,而不试图理解身份分类中的个体变化。定势的内容能够传达正面的和负面的信息(如某国人数学好或某国人太具有侵略性等),他们都是建立在群体同质的原则基础上关于一个阶级、群体、个体夸大的"头脑中的印象"。定势也是对一些群体人泛化的认知,当人们用定势对待他者时,就带着一种对人的分类,并断言所有属于那一分类的人都具有此特点。定势的结果是在任一群体的成员中都存在着巨大程度的差异,在阐释信息时没能被考虑到。

偏见是建立在不公正的认知和情感成见的基础上,在可获得信息的前提下,而无知、没有审查地"预先判断"一些人或事,是一种错误的概括基础上的反感。这样一种反感缘于建立在草率的、顽固的、超过现有证据的、和自己圈内人比较、过于一般化的概括基础上对待圈外人无根据的否定态度,能被感受到或者表述出来。它包括对特定群体或宗教无理性的怀疑甚至仇恨,不是建立在直接体验和第一手知识之上的对其他群体成员的理解,而是以否定的和不公平的行为方式对待。它可能指向整个群体或者个体(因为他或她是那个群体的一员),个体会基于肤色、外国口音、方言、文化或宗教等行为对他者持有偏见。例如,一个具有偏见的个体可能会说:"非洲裔美国人不像其他的美国人那样聪明",或者,"亚裔美国人总是在学习,总是在我们班得最高分",这些就是偏见。它阻碍不同文化背景的个体之间的有效交际。由此,为了避免人际关系的冲突,会采取回避措施。偏见一旦形成,就很难克服和改变。

在跨文化交际中,文化定势虽然有利于加快信息的加工过程,但它往往导致过分简单化的概括,乃至形成偏见和歧视。定势在形成之前,只是对某一文化的描述,经过不断被复制,就形成定势。一旦在定势中加入感情成分,就会发展成偏见。偏见表现在行为上,就容易导致歧视。而且,因为文化定势具有相对稳定性,一旦形成就很难改变。学生的认知过程受传媒、大众等各种因素影响,极易形成文化定势与偏见。

有趣的是,相较于建立在直接的个体经验和交往之上的定势来说,建立在二手观点之上的定势,即缘于他人观点或者传媒而形成的定势倾向更为极端,更不易体现个体与个体的差异,更始终如一地将定势强加于他者之上,而且更抗拒改变。哈佛大学心理学家戈登·奥尔波特通过指明定势——对一些群体人的概括过于简单化的事实——导致偏见,来探讨人类的认知活动,指出分类和概括是如何导致偏见的态度以及有偏见的个体常常用定势思维。

二、信息不对称与定势

信息作为一种资源,贯穿着整个人类社会历史的始终。信息不对称是指在社会、政治、经济等活动中,一些成员拥有其他成员无法拥有的信息,由此造成信息的不对称。比如教师和学生之间,对教学内容均拥有明显的信息不对称。

哈耶克把知识分成两类:一是科学知识,被组织起来的由专家所掌握、在书籍中可以得到的理论和技术知识;二是特定的时间和地点的知识,为特定的人员所拥有。哈耶克所讲的知识就是信息,信息自形成起就是沿着一定的方式进行传递的。教育传递的是理论和技术知识;传媒传递的是对特定的时间和地点情况下的知识。信息传递的工具、内容和方式,组成了信息资源配置系统。

教育提供的信息是科学知识,是经过总结的信息。其传递工具如学校,由国家垄断和掌握。因此,教育长期以来一直处于被垄断和实行国家配给的状态,限制了科学知识的供给,使信息成为一种稀缺资源,成为社会少数成员的专利,而其他成员少有机会或者没有机会全面接收到。以国家为主导的信息传递(信息资源配置)效率低下,供给相较于需求处于严重的不足状态,成为社会、政治、经济和文化发展的瓶颈,在一定程度上阻碍了社会的文明进程。历史上因缺少理论和技术知识的供给而导致的愚昧,使社会付出了巨大的成本。

传媒提供的信息是特定的时间和地点情况下的信息,是每个人都可以掌握、使用的,独一无二的,对转瞬即逝情况的专门了解。其传递工具如广播电视、电信、报纸杂志和互联网等,皆由政府掌管。信息网络化的时代,学校不再是相对封闭的教育空间,而是一个在多方面与国际接轨的开放环境,对特定时间和地点情况下的信息需求也越来越多。传媒由政府经营,存在着信息资源配置效率低下的问题,不能满足对特定的时间和地点情况下的信息需求,是信息不对称的主要根源之一。现存的信息不对称状况,多数是制度选择的结果,而非制度选择的原因垄断的传媒很容易导致误解,并形成文化定势甚至偏见。

三、英语教学中的定势

纵观英语两套教材可以发现,教材内容由于不涉及与目的语文化相关的政治、选举、法制等方面的内容和选题,学生对目的语国家的政治和社会现实缺乏了解。大多数学生中学时都读过马克·吐温写于 1870 年的著名短篇小说《竞选州长》。马克·吐温的文章深刻揭露了资本主义民主的本质,批判了资产阶级所谓民主的虚伪性。学生对目的语国家的民主或选举等政治类话题的理解,有可能会停留在上述认知上。

随着社会和科技的发展,资本主义国家发展了其政治文明和选举制度。资本主义制度的自我调节不仅仅表现在经济方面,还表现在政治、社会等其他各个方面。现在的美国竞选有一个大家所公认的原则，就是认同"正面竞选"，而不鼓励"负面竞选"。尽量以正面宣传自己的政见和施政纲领赢得选票，尽可能避免以攻击对方的方式竞选，恶意的人身攻击是很不得人心的。而学生从教材、书本中则很难接收到这样的信息和内容。学生通过网络可以获知美国选民的登记率和投票率，仿佛亲身经历西方国家的大选。从网络上可以接收到与教材、书本不一样的信息。比如，在2004年美国总统大选中选民投票人数就创历史新高；在2000年由法官裁定的票数极为接近的选举中，也没有出现我们印象中的党同伐异或政治阴谋。学生很容易在不对称的接收信息中出现认知偏差，形成思维定势。

社会学系的学生对美国的种族问题与黑人在美国的状况总是表现出极大的关注，常向外教询问在美国黑人是否受到歧视？英语教材《全新版英语综合教程》第三册第二单元的两篇文章中：一篇文章内容是关于黑奴逃往自由之地的经历；一篇文章是关于美国黑人民权运动领袖的内容。学生通过教材接收的信息是有关黑奴、南北战争和美国黑人的民权运动。

自林肯的《解放黑人奴隶宣言》到林登·贝恩斯·约翰逊的《民权法案》，在黑人和民权人士的努力下，黑人及少数族裔的社会地位不断提高。前总统布什任命的两任国务卿鲍威尔和赖斯都有黑人血统，美国运通公司首席执行官肯尼斯·陈纳德、美林公司的首席执行官斯坦利·奥尼尔和掌管美国在线时代华纳公司的理查德·帕森斯，都是黑人。这三家公司资产数十亿美元，品牌举世皆知。奥巴马更是一位民选出来的具有黑人血统的美国总统。正如亨廷顿所说："种族观念和偏见现在是而且将继续是美国生活中的事实。然而在人们的看法和态度上，种族的重要性显然正在降低，人们看科林·鲍威尔的长相，会觉得是看见一个黑人，然而他们看见的也是一位国务卿、一位退役四星上将、一位指挥过一场短促而胜利的战争的美军领导人，如果了解国际事务，还会知道他是布什政府中主张多边主义对外政策的主要代表人物，与鲍威尔的这些身份相比，他的皮肤颜色就显得无关紧要了。如今美国人看到棒球场上各个人种的运动员时，注意的是他们的肤色，还是他们的击球率呢？"

《全新版英语综合教程》第三册第七单元的两篇文章，一篇文章讲述一个推销员的艰难生活，另一篇文章讲述蓝领工人父亲与儿子的代沟。学生在学习中感受到西方国家蓝领阶层或劳动人民的生活之不易。

我们在看到资本家剥削劳动人民的剩余价值积累大量财富的同时，也要看到比尔·盖茨夫妇建立了世界上最大的基金会，他们重申在有生之年，打算将价值 400 多亿美元的财富全部捐献给社会。世界富豪榜上排名第二的巴菲特也写下遗嘱，将总值约 305 亿美元的个人财产的 99％捐给慈善事业。美国历史最悠久的哈佛大学得名于 1638 年的捐赠人约翰·哈佛。1999 年的一份统计资料显示，美国 1998 年的慈善捐赠，已经占到该国国内总值的 2.17％，居世界首位。而其中，80％来自个人捐赠，亦为世界之首。美国的捐善款项，在 2007 年达到 3140 亿美元，创造了历史纪录，是当年美国国民生产总值的 2.3％。2008 年受到经济危机的沉重打击，但仍然超过了 3076 亿美元，为当年国民生产总值的 2.2％。

外教向学生介绍的西方文化中，就有关于对弱势群体关心和资助的内容。如《旧约全书》中，"在你们的田地收割庄稼，不可割尽田角，也不可拾取所遗落的。不可摘尽葡萄园的果子，也不可拾取葡萄园所掉的果子，要留给穷人和寄居的"。人死后将钱或财产全部捐献出来做善事，是财富最好的归宿。捐献已不仅仅是一种美德，而且是一种社会责任。曾有人中了一百万美元，却把奖券寄给了田纳西州的一家儿童医院，中奖人没有留下姓名，而这家医院是医治严重幼童疾病的，它的经济支撑主要就是依靠捐款。这家医院每年收到的大部分捐款，都是单笔在五十美元以下，来自一般普通美国人。

在对非英语专业学生进行英语教学时会碰到各种文化定势与偏见，但文化本身则随着社会的发展不断进化，不同历史时期文化有不同的特点。随着时代的发展，各种文化都处于一种变化的过程中。在现代信息社会中，文化的变化更是日新月异。在开放、合作、和平、发展的全球化国际大环境中，英语教学培养学生的跨文化交际能力时，必须使学生理解目的语国家或目的语民族的文化，若仍按文化定势去交际，则无法沟通。正如以上例子所表明的，如果思维仍停留在过去，用过于简单的认知方式来看待当今的西方文化，那么出现偏差和问题是不可避免的。

事实上，在英语教学中，应该有更多的自信，用运动的、辩证的、发展的观点来看待问题。对西方文化的适度了解，会促进学生对目的语文化和人民的认识和理解，对目的语深层文化有更多了解，更好地促进学生的跨文化交际的实现。

用发展的眼光和开放的视野看问题,并不会导致学生或教师的全盘西化,反而让学生对比古今,更好地用辩证的观点来看待问题,形成自己独立的思考,也不能因为意识形态或传媒的影响而忽略文化是发展的这一观点。由于历史、社会体制等各方面的原因,我们与英语国家存在许多差异,应客观分析文化的共性和差异,打破思维定势,既不全盘接受,也不一概否定,引导学生对目的语文化持正确的态度。学生学的是目的语文化知识,不是改变母语文化的行为,更不是放弃对母语文化的认同与坚持。伴随着中国的和平崛起,传统文化的复兴,以及在全球化背景下的文化融合与发展,教学和研究应在现有成果和经验的基础上向深度和广度拓展,树立大文化观,并且在深层文化的发掘和消除文化定势与偏见方面做更多的努力。要打破旧思想框架的束缚,"实事求是、解放思想",不能只停留在表层文化和旧观念基础上,要与时俱进,发展成为更广范围和更深意义上的文化理解和跨文化意识。

第三节　跨文化交际与文化身份建构

一、跨文化人与跨文化交际能力

(一)跨文化人

本书中所用的跨文化人的含义,更接近金凯筠提出的"跨文化的人",即能用客观性和主观性看待两种文化;能在两种文化间行动而没有明显的冲突,认为可以将每一种文化认同叠加为互补的思维模式,这与增效作用的概念类似——当一个人将一加上一时,得到的是三或更多,多出的并不是特定的文化,而是独特的东西,可能出现的是新品质或新自我意识,是源于一种对价值的相对性和人性的普世方面的意识。

跨文化人在理解异文化之前,必须首先理解母语文化,包括对自己的文化模式优点和缺点的理解。文化自觉是生活在一定文化环境中的人,对其文化有"自知之明",明白它的来历、形成过程、所具的特色和发展的趋向,不带任何"文化回归"的意思,不是要"复旧",同时也不主张"全盘西化"或"全盘他化"。"自知之明"是为了加强对文化转型的自主能力,取得适应新环境、新时代文化选择的自主地位。文化自觉使我们在跨文化交际中能够认识母语文化和其他文化之间存在的相似和差异。

文化移情要求人们必须在某种程度上摆脱母语文化的约束,从另一个不同的参照系(异文化)反观自己的母语文化。同时又能够对异文化采取一种较为超然的立场,而不是盲目地接受另一种文化或被同化。通过重新深刻、完整地认识西方文化,再重新认识我们自己的传统文化,以找到一个能够真正相互对应发展的坐标。跨文化人应善于文化"移情",理解并包容异文化。

学生通过学习和使用不同于母语的外语,可以获得看待世界的新窗口。新的语言有助于学生学习新的经验,重新认识已有的经验。外语教育是开启人类理解的最理想的钥匙,使学生拥有更宽广的视野,避免片面和偏激的观点,比其他任何科目都更能抵制民族中心主义,是培养世界公民的重要手段。从这种意义上讲,掌握另一种语言意味着增加个人潜能,有助于培养多元与独立的思维,拓宽视野和积极互动的"生产性人格"。

(二)跨文化交际能力

跨文化人具备跨文化交际能力,随着全球化的扩展,英语成为一门全球通用语,很多学者提出跨文化交际能力,它指来自不同文化背景的人相互交际时,在对同一语境中,交际行为和交际信号的文化差异识别和文化干扰的排除能力,解决的是同一语境中不同文化之间交际规则的碰撞和冲突问题。英语教学的目标已经从语言能力扩展到交际能力,又扩展到跨文化交际能力。跨文化交际能力已成为英语学习者成功交际的必备能力。

在对跨文化交际能力的界定中,一般包括知识、技能和态度三个层面。有学者把"文化意识"看作跨文化交际能力的重要内容,也有学者甚至认为文化意识是核心部分,是其他维度的出发点。综上所述,跨文化交际能力不仅包括母语文化和目的语文化的知识、技能、态度,还包括文化意识——一般性文化现象、特点以及它们之间关系的理解。

跨文化交际能力的形成是一个动态的过程,而不是静态的结果,它没有终点,个体不可能百分之百获得,必须在跨文化交际中经历对话、冲突和沟通,通过认知、行为和情感的理解,不断面对新的挑战,解决新的问题,从中逐渐获得跨文化交际能力。

英语教学中培养学生的跨文化能力,应涵盖较为广泛的内容。如一般性文化知识(文化的定义、特征、内容、语言和文化的关系、文化休克现象和文化适应的策略);特定文化知识(目的语文化和本族文化中大写的 C 文化、目的语文化和本族文化中小写的 c 文化);跨文化技能知识(文化适应的能力、文化学习的能力、比较和关联本族文化和目的语文化的能力);跨文化态度(对不同文化的正面态度、对文化差异的相对主义态度、对目的语文化的正面态度、对本族文化的客观态度)。

国外研究中,跨文化交际能力强调的是对文化的深刻洞察和对不同文化的积极态度,既包括交际能力,又不局限于交际能力,是一种新的视野。国内学者认为,跨文化交际能力是语言能力、非语言能力、跨文化理解能力和跨文化适应能力等方面所构成的综合能力,是在基本的有效交际能力之外,加上情感和关系能力、情节能力和策略能力。我国学者用"道"与"器"来形容跨文化交际能力的外在表现和内在能力的关系,强调"道"的重要性。

英国学者迈克尔·拜拉姆研究外语学习和文化交流如何影响学习者对目的语文化和目的语国家、人民的态度,表明虽然外语学习与形成对目的语文化的正面态度呈正比关系,但并不能自动在脑海中形成文化理解。学习者只会增加一些文化信息,而不会产生态度的改变,相反还可能加深原来的认知,因为他们没有代入目的语文化去思考和理解,而是以自己的文化观念为标准去衡量目的语文化。因此,获得新的视野是形成对不同文化正面态度的前提,也是培养跨文化交际能力的必要条件。这种新视野的确立使文化学习的目标由记忆特定文化的文化事实转变为培养跨文化交际能力和文化学习的能力。目前的研究都把培养跨文化交际能力看作文化教学的目标,强调培养"文化意识"和"对不同文化的正面态度",指出获得一种新的文化视野是文化教学目标的核心,可以从三个方面来体现学生的跨文化交际能力:具备理论/思维能力、人际交往能力以及跨文化交际的技巧。

二、跨文化的基础——文化身份

(一)文化身份

文化身份是在特定文化的成员学习和接受传统、语言、宗教、祖先、美学、思维模式的社会建构中形成的,即人们内化了文化的信仰、价值观、准则和社会实践。文化身份是对某个有着共同符号意义系统,遵守相同行为规范的文化群体的认同,并得到这个文化群体的接受。文化身份包括自我认同和外部认同,它表明"我是谁",并通过群体成员的所言、所行、所思、所想表现出来。个人在成长过程中将所处环境的文化价值观纳入自己的世界观,通过父母的指导获得其文化群体的身份。影响文化身份建构的因素有外貌、种族特点、肤色、语言、教育、大众传媒、同龄人、制度政策和自我评价等。从宏观角度看,文化身份包括国民身份和种族身份;从微观角度看,它包括在主流文化群体下根据不同地域、职业、性别、年龄、收入和教育划分的不同的文化身份。按照这种定义,文化身份表征了共同的历史经验和共有的文化形态,它可以为一个民族提供稳定、连续的意义框架。

文化身份的发展经历三个阶段:未察知的文化身份、文化身份追寻、文化身份的获得。在未察知的文化身份阶段,一个人视文化身份为想当然,没有探寻文化问题的兴趣;文化身份追寻阶段是为了更多地学习自己的文化和理解文化成员而探寻和质疑文化的过程,通过探寻文化,个体能学习其文化的优势,并接受其文化和自己,这一阶段社会和政治意识增加,同时有更强烈的欲望去学习自己的文化,还有不同程度的情感成分,包括有紧张、气愤,甚至针对其他群体的暴力行为;文化身份获得阶段标志着清楚地、自信地接受自我和对文化身份的内化,并能面对定势和偏见,不会将他人的负面感受影响并清楚其文化的意义。

因为文化身份影响广泛并且与自我概念的不同侧面相联系,对很多人来说,生活在另一个文化中或者与来自不同文化的人互动会触发他们对自己文化身份的意识,而在此之前也许他们并未意识到自己的文化身份。文化身份是动态的,不是固定不变的,而是随不断前进的生活经历而变化,随着时间的流逝,能适应不同的跨文化挑战,文化身份就可能会变得与以前很不一样。

很多人以为一个人只能或者只应该归属一个文化群体,但很多人的身份并不只属于一种单一的、固定的类别,而是结合了其他身份。在这样一个多元文化的世界,来自不同文化的人们共存,使得文化身份的多面性特点变得更为重要。我们可以是很多群体的成员,例如说同一种语言、同一座城市的市民、某一政治组织的成员等。我们是谁,我们如何与他者不同并显现出来,这些都有赖于我们和谁在一起,交谈的话题以及我们的阐释的方式。文化身份影响跨文化交际,因为交际的困难程度在一定程度上取决于交际双方的文化身份,如果双方的符号意义系统和行为规范差异很大,交际难度就很大;反之,如果双方的符号意义系统和行为规范比较接近,则交际难度就很低。

(二)文化身份与跨文化交际

文化身份对跨文化交际的意义在于:来自不同种族和文化背景的人进行交际时,他们的文化差异以及历史、经济的差距容易导致定势、偏见、民族中心主义这些影响跨文化交际的严重问题。当来自不同文化的人进行交际时,一个人的文化身份会影响人与人之间的关系和对个体行为的期望。如果一个人按照一种方式理解自己,而对方则按照另一种方式去理解他,就会产生交际问题。因为大多数人都倾向于认为他者会用与自己一样的方式观察、评估以及分析世界,也就是说,人们都假定与自己交际的他者同自己相似。实际上。人们常常用他们自己个人的经验去理解和评估他者,这种思维模式容易导致民族中心主义。

当和陌生人交际时,我们喜欢将他们的行为解释为他们的性格,然后将性格看作是其文化的典型特征,即我们喜欢按照自己的定势观念去阐释陌生人的行为。为了有效地和其他人交际,我们必须关注他人的特色,这需要将特定的个体从定势的分类中区分出来。我们在处理信息时简单地将一些特点归属于特定的人群,常常将一些特殊的事件、人、事物甚至一次经历,假定为事件、人或事物的典型特征,这种假设常常是不正确的,将以前的经历当做决定事件属性的基础,会导致过于简化,形成定势观念。

三、文化身份建构中的主体和他者

(一)文化身份的建构与主体

伴随着西方文化的扩张,欧美民族中心主义和文化殖民主义对学生的文化身份形成极大的挑战。一位学生在网上转载留言:"除了大熊猫,还有什么代表中国?"除了黄色的皮肤,黑色的头发和眼睛,还有什么是中国人的标志? 面对强势的西方文化的挑战,文化身份确实一直困扰着学生:"中国人的特性是什么? 中国人应该是什么样子的? 我们到底是谁?"

全球化加速了各国文化的同质化,"历史终结论"就是对文化趋同现象的一种夸大的表述。随着都市化、新移民、工作流动性、网络文化的繁荣,全球化导致了人类身份的复杂化,使其变得模糊。跨国公司使资本运作跨越国界,对所在国家的文化也是一种冲击。中国改革开放之后,随着社会结构的多元化,个人选择的多样化和国家实力的增强,同时伴随着全球化的浪潮,互联网及现代交通、通信技术的发展,跨国公司的扩展,使中国和世界更为紧密相连,西方的价值观与生活方式大规模地进入中国人的生活,中国学生不得不思考自己的文化身份。当今中国在经历大国崛起之时,中国学生更需要重新找回"我们是谁"。

我们需要"他者"才能建构自己的文化身份,回答"我们是谁"。但是,在英语教学中,我们却对"他者"——主要指目的语文化存在着明显的误读。由于对目的语文化的深层结构的忽视,对文化的历史与关联的忽视,对目的语文化的定势与偏见,同时我们自己也预先虚构了一个"他者"——目的语文化,而这种预先设定的"他者"是基于我们的定势和偏见,所以这种虚构并不合理,而且其中存在着误读。

不少学者都认为母语的重要性不仅在于培养读写能力,更是学生发展和培养母语文化和身份的方式,但是在英语教学中对母语文化的忽视和漠视,使目前英语教学中主体的建构面临重重压力,使我们对主体文化的认知处于边缘化状态,结果在学生文化身份的建构中出现了问题。作为主体的人,对自我的角色定位源于与他者的比较,发展并强大自己,是主体的目标。因为一个弱势的主体,不但不能自主行动,而且很难与其他主体进行成功的交际,即便是被迫参与交际,也会被他者所左右。学生文化身份的建构中需要克服全球化的挑战,正确对待他者并理解自我主体。

培养自我意识是为了能够真正理解我们自己的文化和交际的模式,从而提高跨文化交际能力。每一个人身上都有自己国家和社会的文化烙印,它包括性别、种族、家庭、年龄、宗教、职业和其他的生活经历。本土文化为我们提供洞察力,使我们能够理解自己的信仰、态度和价值观,同时能批判性地思考文化身份的不同方面,并观察其对我们个人发展的正面和负面影响。增强自我的文化意识,再加上对其他不同文化的了解,有助于理解自己的文化身份,也能帮助一个人在任何文化背景中都能做出最适当的行为,使个体能控制自己的情绪并创造好的印象,学会从一种文化背景转入另一种文化背景时如何修正自己的行为。

在英语教学中,培养学生的文化自我意识即义化自觉,主要强调的是对母语和母语文化的尊重。有人认为,语言是国家的灵魂,可以通过语言分析发现民族性。一个民族逐步地使其语言获得独一无二的色彩和情调,且语言能巩固和传授所获得的经验,对该民族产生深远影响。所以,我们从每一种语言中都可以推知与它相关联的民族性。倘若忽略了语言与民族精神及力量之间的联系,便会丧失所有重大的意义。语言所有最为纤细的根茎生长在民族精神力量之中,对语言的影响越恰当,其发展也就越合乎规律,越丰富多彩。一个民族的精神特性和语言形成之间的关系极为密切,无论我们从哪个方面入手,都可以从中推导出另一个方面。这是因为,智能的形式和语言的形式必须相互适合。

母语和母语文化对学生的跨文化交际十分重要。因为,跨文化交际本身应该是一种双向交流,文化输出和文化输入具有同等地位。没有文化输出,则跨文化交际就变成了单方面的文化引进。加强学生母语文化的英语表达,使他们学会表达自我,从而在跨文化交际中处于较为有利的地位,同时输出中华文化有利于获得中华文化的话语权。在教学中,我们应该重视母语文化及其英译问题,熟悉母语文化的英语表达,学会用英语介绍中华文化。在和西方世界保持接触、进行交流的过程中,把我们文化中好的东西讲清楚,使其变成世界性的东西。

母语文化在英语教学中至少有两方面的重要作用:一是将母语文化与目的语文化进行对比,能更加深刻地揭示出目的语文化的特征,从而加深对母语文化和目的语文化本质特征的理解;二是纠正学生的民族中心主义观念,培养学生对目的语文化的积极态度,提升学生学习英语的积极性。

英语教学中的首要任务是提高学生的英语水平,培养学生的语言能力。但因为语言和文化有着密不可分的关系,学生要真正学好英语,必然会要求他们强化对目的语文化的学习。学生要能真正深刻理解目的语文化,必须首先了解母语文化的传统及现状。中国开放所要求的不仅是将外国文化介绍到中国,同时也要将中华文化传播到世界,这既是英语教育中文化教学的目的之一,也是英语作为文化素质教育的组成部分应该做到的。

培养学生的自我意识即文化自觉,使学生能客观地评价中国和西方文化的异同,母语文化和目的语文化之间既不是简单的认同,也不是彻底的疏离,而是辩证的统一。文化自觉是一个艰巨的过程:首先要认识自己的文化,然后理解所接触到的多种文化,才有条件在已形成的多元文化的世界里确定自己的位置,经过自主的适应,最后和其他文化一起,取长补短,建立一个大家都认可的基本秩序,和一套各种文化能和平共处、各展所长、联手发展的共处守则。学生要学会基于理解和宽容的态度对待母语文化和目的语文化。一个文化如果缺乏凝聚力,在世界多元文化状态中处于一种消极保守的状态,不及时汲取异文化的优点,最终将失去发展的机会,更可能会被同化,唯有努力保持自身的凝聚力,同时汲取其他文化的精华,才能使自身得以提升。对处于全球化背景下的中华文化来说,文化自觉、文化知识和跨文化交际能力,能有助于学生从不同的视角去认识、观察世界,从而更深刻地理解自我,学会融合母语文化和目的语文化中的不同思维方式和价值观念。

能够很好地理解自我文化的唯一途径是先理解另外一种文化。外语学习者在学习目的语文化时会加深和强化自己的文化。英语的学习过程并不是抛弃母语的过程。实际上,正是与其他文化的接触,才更能让人更深刻地意识到自己的文化及文化身份。如果没有文化他者的存在,自己的母语文化传统就只是一种未经比较和反思的智慧。如果存在一个他者,也就是提供了一个参照系,在与参照系的比照中可以重新认识自我以及文化传统。因此,在英语学习的过程中,更能帮助学生意识到自己的中华文化传统,更能意识到自己的文化身份,帮助学生认识自我,理解主体。

(二)文化身份的建构与他者

文化身份对跨文化交际是十分重要的,因为语言与身份的密切关系,除去交际功能,一个人所说的语言和他作为这一语言使用者的身份是不可分割的。语言使用当中的一个简单的特点就足够识别一个人在特定群体中的成员资格。每一种文化都有其特定的历史、价值观、习俗、信仰、表达方式等,语言成为与他人共享的编码并且与文化紧密相连。语言知识是一个人文化传统的一部分,洪堡特就指出:"每当一个人听到母语的声音,就好像感觉到了他自身的存在。"人们如何定义自己以及看待这个世界,是与他们所说的语言紧密联系在一起的。

交际与身份也是紧密相连:人们通过和同一群体的其他人交际,将自己视为一个社会组织的成员,获得共同的看待世界的方法。交际实践是构建身份的重要方式。一切交际都可以看作是将我们分为不同群体、不同成员资格的交际。

语言与交际关系密切：语言与文化又密不可分，所以文化与交际紧密相连。文化是交际的基础，文化是无法离开人类的参与的，只要有人类的参与，就有交际。文化是一个看不见的老师，却决定了我们的交际模式。正是在文化中，我们学会如何交际，也学会交际什么。交际也影响文化的结构，交际反映并传播文化，告诉我们应该如何说话和行为，而这些都在我们的交际模式中得到展现。

通过学生与来自不同文化背景的人交际，不仅会发现学生的英语水平，更可以从中观察影响学生语言水平的文化因素。还可以通过学生与他者的交际，看出学生的文化身份的建构和认同，并可以从中发现学生文化身份建构和认同面临的挑战。英语教学中有必要进行学生文化身份的建构。那么，建构的关键是什么呢？是"他者"与"主体"。

我们通过与他人的联系认识自我、定义自己。通过与其他文化的交流，人们感到自己同属于一种文化。因为必须有"他者"，人们才能给自己定身份。任何文化都在与其他文化的联系中，或是在其他文化的对立面来定义自己。通过揭示与其他文化的差异，才使我们感到我们属于哪一种文化。身份的"主体"（自我）的独立离不开"他者"。"主体"（自我）既要得到"他者"的承认，又要在与"他者"的交流中，满足被"他者"承认的愿望。文化身份的建构离不开"他者"。这里的"他者"，是相对于"自我"的一个参照物。实际上，文化之所以要进行认同，是因为有"他者"存在，担心被"他者"同化而失去自我。如果没有了"他者"，也就没有了自我确认的意义和必要性。

一个人或民族通过与"他者"的区分来确定自己的身份认同。每一种文化的发展和维持，都需要一种与其相异质并且与其相竞争的另一个自我的存在。自我身份的建构——身份，不管是东方的还是西方的，法国的还是英国的，不仅都是独特的集体经验之汇集，而且最终都是一种建构——牵涉与自己相反的"他者"身份的建构，而且总是牵涉对与"我们"不同的特质的不断阐释和再阐释。每个时代和社会都重新创造自己的"他者"。所以，"他者"在文化身份建构中是一个重要的标准。文化身份的认同，首先指认同文化的内部特征，即"主体"应该表现出的独特特征。从这一角度来看，为了更好地认识"自我"，需要一种"非我"的标准，在与非我进行区分时，也就凸显出"我"来。从这一角度来看，"他者"定义了非我的特征，以证明"自我"。

综上所述,文化身份是相对于"他者"的建构。正是因为身份需要通过与他人的交往来实现,在学生所处的校园和所接受的高等教育中,最容易观察学生文化身份的地方,就是通过学生与他人的交往,尤其是与来自不同文化背景的人、说不同语言的人交往。

他者与自我的文化差异是不同国家、民族间文化的差别。各个国家的文化都有其独特性,各个民族的语言、传统和生活方式也不尽相同。根据霍夫斯泰德关于文化异质性的理论,不同文化间存在差异性,即在价值观、思维方式、行为准则、习俗、信仰等方面的文化差异。霍夫斯泰德从权利距离、回避不确定性、个人主义—集体主义、阳性—阴性、长期—短期取向这五个维度,分析了不同文化之间的差异。可以看出,学生在学习外语的过程中,由一种文化背景进入另一种文化背景时,会遇到各种完全不一样的行为和思想,由此产生文化差异并引发文化冲突。其根源在于以下几点。

1.民族中心主义或种族优越感

认为自己的种族优于其他种族,认为自己的文化价值体系比其他的文化价值体系优越。如果学生持这样的观点对待目的语国家的人民和文化,就容易引起误解,导致无法正常交际。

2.对信息的理解差异

不同国家的语言和文化背景不同,对同一信息的理解也会不一样。交际是人与人之间或群体之间传递信息的过程,但由于人们对时间、空间、风俗习惯、价值观等认识不同,容易造成误会,甚至引起文化冲突。

3.对文化意义符号系统的不同理解

不同的文化采用不同的符号表达不同的意义,有时尽管符号相同,但表达意义却截然不同。

4.民族性格、传统文化和宗教信仰的差异

传统文化是民族文化的深层积淀,它融于民族性格中,使各民族表现出不同的个性。民族的责任与个性的差异,往往构成跨文化交际的障碍。

5.思维模式的差异

思维模式是民族文化的具体表征。如中国人偏于形象思维,而西方人偏于抽象思维(逻辑思维)等,这些常常是造成跨文化交际障碍的原因。

6. 处理问题的行为模式的差异

行为模式是民族文化的外显形式，不同的民族文化造成不同的行为模式。

7. 法律意识的差异

因为对政治、经济和法律缺乏了解，文化敏感性差，学生往往依据自身的文化分析和判断对方的信息，从而产生文化冲突。

8. 价值观念的差异

学生在外语学习中会接触不同的文化，它们的价值观并不相同。如中西方文化价值观的差异体现在个人主义与集体主义、权力距离等方面，在中国表现为注重集体主义，维护面子等；在西方表现为自主独立，注重隐私等。

文化中判断是非的标准属正式规范，由正式规范引起的摩擦往往不易改变；文化的生活习惯和风俗等属非正式规范，由非正式规范引起的摩擦可以通过较长时间的文化交流克服；技术规范则可以通过学习技术知识而获得，是最容易改变的。因此，在英语教学中，要同时进行跨文化培训，促进学生对不同文化的了解和认识，提高学生的文化适应能力。组织各种文化体验活动，让学生与不同文化背景的人士交流。增加学生跨文化合作机会，让他们实际体验跨文化交际，提高对文化差异的认知能力和应对文化冲突的策略能力，为培养更多的国际型人才提供平台。

跨文化培训的目的是使学生了解并学会尊重、包容不同文化，学会消除由文化差异引起的误会，让他们能不带任何偏见地观察和发现文化差异，并理解产生文化差异的必然性。增强学生的自我文化意识即文化自觉，提高跨文化交际能力，使其具备一定的跨文化适应能力等。可以通过文化熏陶等手段，增加学生对异域文化的了解，打破文化障碍。让学生与具有不同文化背景的人员交流，通过这种方式，可以使学生理解彼此的价值观，能够学会移情——想对方所想，体验对方的情感，理解不同文化的行为习惯和思维方式，进而领悟不同文化。

英国学者马丁·雅克指出，因为西方在世界占主导地位，因此西方并不真正需要去了解其他文化；而除西方之外的文化，因为一直处于弱势，所以被迫去学习、理解西方。马丁·雅克特别提到中国，认为中国人对西方的了解远远胜于西方对中国的了解。马丁·雅克的观点与很多中国人的观点一致，认为中国人或中国学生对西方、西方文化的了解远远超出西方人对中国、中华文化的理解。的确，因为西方在全球扩张中伴随其政治、经济的实力，西方的强势文化也输出到其他文化中。例如，中国自近代以来就面临西方文化的挑战，而现在随着全球化的扩展，西方的生活方式、思维方式、语言、意识形态等对中国人造成的影响更加不可忽视。在对华中科技大学的本科生进行的调查中，学生也列举了很多方面，例如节日、服饰、食品、运动、手机、电脑、软件、网络等科技产品，交通工具，建筑包括专业课程中的理论、定律等各个方面，都受到西方文化的强烈影响。学生对西方文化的了解和接受程度的确是惊人的。

但问题在于，喝着可口可乐、过着圣诞节、打着篮球、穿着 Nike、用着 iPad 的学生，真的接触到了西方文化的核心吗？相对于西方文化中的新教伦理、市场经济、议会民主，学生仍然只游离在目的语文化的表面。在访谈学生时就会发现，学生一方面在面对孝顺父母和父母的管教时，选择西方文化中的自由；而另一方面在面对西方文化中的责任感和独立性时，他们却选择让父母帮忙或干脆让父母做主。学生既没学到西方文化中的独立性，也没学到中华文化中的敬老美德，反而是强化了西方式的自由和中国式的宠爱。

理解他者，建构自己的文化身份方面，一定要深入目的语文化的核心。例如根据社会归属理论，个体一般会根据背景，即所谓的外在因素去解释他们自己的行为或群体内成员的行为，但是会用个体的性格原因，即所谓的内在因素去解释外群体中的个体行为。我们倾向于将陌生人的行为解释为他们的性格，然后又将他们的性格看作是他们文化的典型特征，即我们会按照"那些人"像什么的定势观念去解释和理解陌生人的行为。因此，在英语教学中一定要强调对目的语深层文化的重视，去除定势与偏见、民族中心主义、对文化的历史与关联的忽视等，达到对目的语文化的真正理解。在英语教学中，应该在进行语言学习的同时，进行目的语文化知识的教学，文化敏感性训练，跨文化交际的技巧训练等。其目的在于，减少学生可能遇到的文化冲突，促进其对目的语文化的观念及行为习惯的理解。对学生来说，表层的语言障碍，经过学习是比较容易克服的，但文化差异所造成的深层障碍，在跨文化交际中解决起来却比较难。因此，应该培养学生克服民族文化中心主义、消除定势观念、对不同文化采取理解的态度，包容文化多样性。

跨越文化交际的障碍，还要克服"夜郎自大"这种民族优越感。哈佛大学前文理学院院长亨利·罗斯沃斯凯就提出,一个有教养的美国人不应该有狭隘的地方主义,忽视其他地区和时期的文化,应当了解塑造其他地区现在、未来以及历史上其他时期文化的力量。当然,很少人能获得如此广博的世界观,但一个人有没有受过教育,区别在于能否用广阔的视野来审视生活的经验。我们常说中华文化源远流长、博大精深,提到孔子、老子和四大发明,实际上所举的这些都是历史的荣耀。欧洲自文艺复兴以来,文艺、科学技术等各方面都成就非凡。如今,随着我国经济的发展,仍然要用冷静的眼光来看待自己和发达国家的差距,既要继承中华文化传统,又要吸收西方文化精华,不仅要有文化自觉,而且要理解和学习他者,"内知国情、外知世界",所谓"知己知彼、百战不殆"。文化自觉首先是对自己的文化有"自知之明",即充分认识自己的历史和传统。这是一种文化延续下去的根与种子。史重要的是,要按现代的认知和需要来诠释自己的历史文化,就必须向现代文化和其他文化学习。在多元文化的背景下找到民族文化的自我,明确新纪元里中华文明存在的意义,探索它为世界的未来发展可以作出什么样的贡献。

第七章

核心素养下的英语教学

第一节 基于核心素养的英语课程目标与内容

一、基于核心素养的英语课程目标

课程目标是课程的灵魂，也是课程实施的风向标。为了有效地实施课堂教学与评价，一线教师不仅需要熟悉课程内容、学业质量标准、考试与评价的内容及要求与灵活运用教学方法，而且需要始终准确把握课程目标。

英语课程的目标既是相对稳定的，又是动态变化的。英语教育教学有自身的客观规律，有相对稳定的教育教学目标，但随着社会的发展，英语教育教学的目标又可能因时因地发生变化。为了准确把握核心素养背景下英语课程的目标，一线英语教师有必要了解新的课程目标与以往课程目标的相同与差异。

二、基于核心素养的英语课程内容

如果说课程目标是课程的灵魂和课程实施的风向标，那么课程内容则是课程实施的抓手。对一线教师来说，课程内容与日常课堂教学的关系最为紧密。课程标准提出了六个方面的课程内容：主题语境、语篇类型、语言知识、文化知识、语言技能和学习策略，简称"课程内容六要素"。那么，为什么要从这六个方面来设计课程内容呢？这要从语言学习的客观规律来解释。

语言学习并不是孤立地学习字母、语音、单词、句子等。语言学习的基础是语篇,即生活中实际存在的有意义的语言,而语篇都是在一定的语境下产生的,理解语篇和产出语篇都离不开语境,也离不开主题。可以这样说,语境是语言学习的环境。不同年龄、不同文化背景、不同学习需求的语言学习者,在主题语境方面也有不同的学习需求。因此,在设计课程内容时,要根据学习者的需要提出指导性的主题语境范围。

有了主题语境之后,语言学习者需要以实际的语篇为抓手。也就是说,学习者需要接触语篇、理解语篇和产出语篇。因此,语篇成为语言学习活动的焦点。同样,不同年龄、不同文化背景、不同学习需求的语言学习者应该学习的语篇类型是有差异的。因此,课程标准应该针对特定语言学习者群体,提出指导性的语篇类型范围。

围绕语篇的学习活动,既是学生探究语篇内容和语篇主题意义的过程,也是学生学习语言知识和发展语言技能的过程。学生围绕某一具体的主题语境,基于不同类型的语篇,在解决问题的过程中,运用语言技能获取、梳理、整合语言知识和文化知识,深化对语言的理解,比较和探究文化内涵,汲取文化精华。同时,促使学生尝试运用各种学习策略,提高理解和表达的能力。这样,英语课程内容的六要素就融为一体了。我们明确了课程内容六要素的关系之后,再来看看课程内容六要素的内涵。

主题语境包括人与自我、人与社会、人与自然等三个大类,每个大类又包括很多子类,涉及人文社会科学和自然科学领域等话题。课程标准将主题语境列入课程内容,并作为课程内容的第一要素。主题语境包括两个方面:一是主题和话题;二是语境,也就是语言使用的情境。将主题语境列入课程内容,标志着语言教学理念的变化。单个的词、单独的句子,离开语境是没有任何意义的,只有在具体的语境当中,词和句才有真正的意义。课程标准将主题语境列入课程内容,将进一步推动基于情境和语境的英语教学理念的落实。主题是通过语篇来实现的,语篇有不同的类型,英语教学应该给学生多提供各种类型的语篇,尤其是贴近学生生活的语篇。

语篇类型包括口语和书面语以及不同的文体形式,如记叙文、说明文、议论文、应用文、访谈、对话等连续性文本,以及图表、图示、网页、广告、漫画等非连续性文本。

语言知识涵盖语音知识、词汇知识、语法知识、语篇知识和语用知识等。语言知识除了传统的语音、词汇、语法知识等内容,还增加了语篇知识和语用知识。语篇知识就是关于语篇是如何构成的、语篇是如何表达意义的以及人们在交流的过程中如何使用语篇的知识;而语用知识则是关于语言在真实语境中如何使用的知识。

文化知识指中外优秀人文和科学知识,既包含物质文明也包含精神文明知识。文化知识是学生形成跨文化意识、培养人文和科学精神、坚定文化自信的知识源泉。

语言技能包括理解性技能和表达性技能,具体包括听、说、读、写、看等技能,学生基于语篇所开展的学习活动即是基于这些语言技能,理解语篇和对语篇做出回应的活动。在语言技能中,除以前课程标准中提到的听、说、读、写四项技能以外,课程标准还增加了"看"的技能。随着现代传媒方式的变化,现在常见媒介包括文字、图像、声音、图标等,传统的"读"和"听"已不能完全涵盖所看或所听到的内容。需要注意的是,"看""读"和"听"都有重叠之处,也有学者不主张把"看"与"听""说""读""写"并列,但是,为了突出这一技能的重要性,课程标准还将其列为语言技能之一。

第二节 基于核心素养的英语学业质量标准

一、学业质量标准与课程目标的关系

学业质量标准与课程目标应该相互呼应,但二者并不等同。姚林群、郭元祥讨论过学业质量标准与教学目标的区别:教学目标是对教师如何进行教学而做的一种指向性要求和规定。它更多服务于教师教学,为教师教学行为的规范提供"靶子"或"方向"。教师可以围绕教学目标组织教学内容、选择教学方法、开展教学评价,因此,它在管理方式和评价标准上注重的是"教师怎么教"与"教了多少"的问题。学业质量标准则将关注点从"教师的教"转向了"学生的学"。通过对学生学习表现的指标体系及其评价工具的系统建构细致描述和具体规定学生预期的学习过程与结果。虽然这里说的是教学目标而不是课程目标,但有助于我们理解课程目标与学业质量标准的区别。

我们也可以换一个角度理解课程目标与学业质量标准之间的关系,课程目标是指课程在促进学生素养发展方面的预期目标,而学业质量标准是用来检验该课程目标是否达成以及达成程度的检验指标。以往课程标准在描述课程目标要求时,使用了"认识""了解""理解""掌握""应用"等术语,这些术语都是动词,其认知深度和广度基本上是逐步提高的,能够在一定程度较为准确地描述学生不同层次的能力表现。值得注意的是,这些动词的宾语主要还是知识,也就是说这些目标要求仍然是基于知识学习和知识运用的目标。但基于核心素养的课程目标以及学业质量标准已经不再宥于知识的学习和运用,尤其是不宥于语言知识的学习和运用。

在制订高中各学科课程标准的过程中,提出的学业质量标准这一概念,使很多一线教师联想到布鲁姆教育目标分类框架下的学业质量。应该说,学业质量标准与布鲁姆教育目标分类框架下的学业质量既有一定的关联,但又有很大的区别。

第一,布鲁姆教育目标分类框架下的学业质量,虽然也提到学业质量,但其核心是"教育目标",并将认知目标分为两个维度,即知识维度和认知过程维度。知识维度包括事实性知识、概念性知识、程序性知识和元认知知识;认知过程维度包括记忆、理解、运用、分析、评价和创造。目标与质量标准是有区别的:目标是期望获得的结果,而质量标准是用来检验目标是否达成以及达成程度的检验指标。因此,学业质量标准与布鲁姆教育目标分类框架下的学业质量的功能定位是有区别的。

第二,布鲁姆教育目标分类框架下的学业质量是不分具体学科的。也就是说,布鲁姆教育目标分类框架下的记忆、理解、运用、分析、评价和创造等认知过程目标,理论上讲是适用于大多数学科的,但就实际情况来看,大多数学业质量标准是针对具体学科制定的。由于各学科的内容和教育教学目标存在差异,各学科的学业质量标准在框架和具体内容等方面存在差异,因而不一定都能够按照识记、理解、运用、分析、评价和创造等维度来设置目标或质量要求。

第三,布鲁姆教育目标分类框架下的记忆、理解、运用、分析、评价和创造等教育目标,主要是针对认知过程提出来的,但学业成就不局限于认知过程或认知能力,还包括情感、态度、价值观等教育目标。另外,记忆、理解、运用、分析、评价和创造等认知过程目标的重点是学生在学习过程中需要运用的能力或通过学习形成的能力,但这些能力与学生日后在工作和生活中需要的能力不完全相同。

第四,布鲁姆教育目标分类框架下的记忆、理解、运用、分析、评价和创造等教育目标主要是针对知识学习而设置的目标,即识记知识、理解知识、运用知识,在此基础上分析和解决问题。但是,就英语学科而言,至少有两类知识:语言知识和非语言知识。语言知识就是大家通常说的语音、词汇、语法、语篇、语用等方面的知识;非语言知识是指英语学习材料(如课文)和学习活动(如讨论活动)涉及的各种知识,如人文、历史、社会、科技、教育等知识。那么记忆、理解、运用、分析、评价和创造是指向语言知识,还是指向非语言知识? 这是英语学科的一个特殊性,也是广大一线英语教师需要注意的一个问题。

第五,布鲁姆教育目标分类框架下的记忆、理解、运用、分析、评价和创造等教育目标对设置学业质量标准具有重要的参考价值。由于这些目标是从低级到高级逐步提高的,参考这一框架来设置质量标准中的部分内容,有利于更加精准地把握学生的实际学业成就。

二、学业质量标准与核心素养水平的关系

学业质量标准主要是指学生通过课程的学习应该达到的素养水平要求。但是,在修订的各个学科课程标准中,既有学业质量标准,也有学科核心素养水平划分及相应的水平描述。那么学业质量标准与素养水平之间有什么关系呢?

就英语学科而言,核心素养水平划分为三个级别(一级、二级、三级);学业质量标准分为三个水平(水平一、水平二、水平三)。很多一线教师不能理解二者的关系。有的教师认为,二者是重复的,二者取其一即可;还有教师认为,学业质量标准是考试与评价的主要依据。教师可能关注学业质量标准,而忽视核心素养水平的划分。下面我们结合以上问题讨论二者之间的关系。

《普通高中英语课程标准》指出,学科核心素养是学科育人价值的集中体现,是学生通过学科学习而逐步形成的正确价值观念、必备品格和关键能力。英语学科核心素养主要包括语言能力、文化意识、思维品质和学习能力。这个定义中有一个表述值得注意,即"逐步形成",也就是说,核心素养的形成与学习阶段有

关联性,核心素养是在学习过程中逐步形成的。既然核心素养是逐步形成的,那么核心素养就有不同的水平。为了对教育教学起到指导作用,我们需要对核心素养的不同水平进行描述。按水平划分的核心素养体系也可以用来检测学生个体或群体在某阶段的核心素养发展情况。比如,我们可以以某个级别的素养描述为参照,将素养描述与某个学生的实际表现进行比对。通过比对结果,我们可以判断该学生目前的素养发展情况,如低于该级别的要求或达到该级别的要求。可以这么说:核心素养水平划分是一个相对客观的衡量标准,不针对某个学生个体或群体,也不针对某些课程或课程内容的学习。

学业质量标准则是针对课程及其内容的学习结果制定的检验标准。高中英语学业质量标准的三个水平就是分别针对高中阶段英语必修课程、选择性必修课程以及选修课程中提高类课程而制定的质量标准。但是,正如前面已经强调过的,学业质量标准并不是规定这三类课程本身的学习情况,而是规定学生通过这三类课程的学习应该形成的素养,即学业质量标准的三个水平与核心素养的三个级别并不是完全对应的关系。

由于课程的实施受到整体或区域教育发展水平、可利用的教育资源、学生学习基础以及其他因素的影响,课程学习的过程和结果具有一定的不平衡性和动态性。比如就具体的某个时期而言,综合考虑各方面的因素之后,我们可能做出这样的预估:大部分学生在完成选择性必修课程的时候,其语言能力和文化意识可以达到素养水平划分中的二级,思维品质只能达到素养水平划分中的一级,学习能力可以达到素养水平划分中的三级。

随着教育教学条件的改善以及整体教学水平的提高,针对某个时期学生的整体学习情况,我们可以重新预估学生在完成选择性必修课程时达到的素养水平,如:语言能力可以达到素养水平划分中的三级,文化意识可以达到二级,思维品质可以达到二级,学习能力可以达到三级。在这种情况下,可以调整针对选择性必修课程制定的学业质量标准的具体要求。

根据以上讨论,我们可以这样理解:核心素养及其水平划分相对稳定,而学业质量标准具有一定的动态性。假如课程标准需要做阶段性的修订,其中的核心素养及水平划分可以不做调整或做微小的调整,而学业质量标准则需要根据所处阶段学生总体学习情况做调整。

　　学业质量标准与核心素养水平划分的另一种关系是,学业质量标准源于核心素养及其水平划分,在一定程度上,学业质量标准是核心素养及其水平划分在实际操作中的具体化。核心素养是经过高度提炼的学生应具备的关键能力和必备品格。英语课程目标、课程结构、课程内容、教材、课程评价都应该基于核心素养来设计。一方面,核心素养不可能过于具体;另一方面,核心素养要体现在课程目标、课程结构、课程内容、教材、课程评价等所有与课程相关的部分。学业质量标准就是核心素养在课程评价中的体现形式,或者说,学业质量标准把课程内容及学生的学习情况与核心素养水平联系起来。

　　还可以这样理解:学业质量标准可以用来检验学生课程的学习情况,检验的结果可以用来判断课程内容的学习是否使学生形成了学科核心素养以及素养发展的水平。这里需再次强调的是,采用学业质量标准来检验学生课程的学习情况,并不是检验学生对课程内容本身的掌握情况,而是检验学生通过课程内容的学习所形成的核心素养。

三、学业质量标准与课程内容的关系

　　学业质量标准与课程内容有关联性。前面我们强调过,学业质量标准应该基于学科核心素养,而不是基于具体的课程内容。也就是说,学业质量标准并不规定特定的课程内容要学多少、学多好,而是规定通过特定课程内容的学习,学生可以形成什么样的能力和品格,英语学科更是如此。比如,在具体课程实施过程中,英语学科的很多学习内容是英语语篇(包括书面语篇和口语语篇)。学业质量标准并不规定学生要学习多少篇语篇、学习哪些具体的语篇,也不规定所学语篇要学到什么程度。但是,这并不意味着学业质量标准与课程内容没有关联性,学业质量标准指向学生通过一个阶段的学习而形成的能力和品格,而能力和品格的形成源自对课程内容的学习。因此,课程内容的选择与安排要有利于学生形成能力和品格,而且在一定阶段要达到学业质量标准对学生能力和品格发展程度的规定。如果课程内容的选择与安排不合理,学生可能不能形成学业质量标准规定的能力和品格;或者学生形成的能力和品格不是学业质量标准所要求的能力和品格。

　　英语学科学业质量标准的三个水平是分别针对必修课程、选择性必修课程

和选修课程中的提高类课程制定的。也就是说,对大多数学生而言,修读必修课程之后应该能够达到水平一,修读选择性必修课程之后应该能达到水平二,修读选修课程中的提高类课程之后应该能达到水平三。但实际情况可能并非如此简单。

第一,学业水平是一个逐步提升的过程,而且某个水平的表现通常是基于前一个水平的表现。也就是说,水平二基于水平一,水平三基于水平二。比如,虽然水平二是针对选择性必修课程制定的,但如果学生达到水平二,并非只是修读了选择性必修课程的学习结果,应该也有必修课程的贡献。

第二,学生修读必修课程、选择性必修课程和选修课程中的提高类课程并不能保证分别达到水平一、水平二和水平三。由于学生存在个体差异以及学习进阶的不均衡性,即使学生按部就班地修读了三类课程,也不能保证能达到水平一、水平二和水平三。学生达到某一水平的时间可能延缓,也可能提前。

第三,即使学生不修读必修课程、选择性必修课程和选修课程,如果学生通过其他途径学习英语,也可能达到学业质量标准的水平一、水平二和水平三。

第三节　以发展学生核心素养为目的的英语课堂教学

一、通过创新英语课堂教学发展学生核心素养

(一)切实将语言知识的教学与语言运用能力的培养结合起来

英语学科核心素养的核心是英语语言运用能力,语言运用能力的基础是语言知识。从广义上讲,语言知识甚至可以视为语言能力的组成部分。在核心素养背景下,英语教学应该继续重视语言知识的教学。也就是说,不应该讨论语言知识该不该教,而要研究应该给学生教授哪些语言知识、如何有效地教授语言知识、如何使语言知识的教学与语言能力的发展紧密地结合起来。大家都知道,学习语言知识就是为了在使用语言过程中运用语言知识。也就是说,学习知识不是为了获得知识本身,而是为了运用知识。绝大多数一线英语教师也认可这样的道理。但是,在实际教学中"为教知识而教"知识的现象仍然存在,有些地区这一现象还比较突出。一些教师认为,在中国语境下学习英语,学生没有使用英语

的环境,难以培养语言运用能力;还有教师认为,课堂教学的任务重、课时紧,难以顾及语言实践活动。其实,将语言知识的教学与语言运用能力的培养结合起来,并非像有些教师想象的那么困难,也不需要额外占用太多时间,关键在于教学方式与方法的选择。

(二)通过语言实践活动发展学生的语言能力

大家都知道,语言是用来传递信息、表达思想和情感、再现生活经验的工具。不管是学习母语还是外语,都需要经历使用语言的过程,如果没有使用语言的机会,恐怕谁也学不会语言。因此,英语教学要为学生创造使用语言的机会,要设计和实施丰富多彩的语言实践活动,让学生把语言用起来:用语言交流信息、表达观点和情感、再现经验、解决问题。

(三)把英语教学与学生自身的知识、经验和情感结合起来

提高英语教学效果的手段之一是使学生全身心投入学习过程之中。而要使学生真正投入学习过程之中,就要使教学的内容与学生自身的知识、经验和情感建立关联性。也就是说,要使学生把自己的知识、经验和情感带入学习活动之中。当我们要去培养学生的核心素养时,不仅要求课堂教学要关注过程,教师在课堂教学时要眼中有学生,更需要激发学生的学习主动性与学习责任心,只有他们在课堂教学中主动行动起来了,核心素养才可能在他们身上开花结果。

(四)把英语学习与思维训练结合起来

英语教学与思维能力的培养有千丝万缕的联系。首先,语言是思维的工具,学习语言就是学习思维;其次,语言学习要借助各种各样的语篇,而语篇是有内容的,学习这些语篇的内容,也需要经历各种各样的认知过程,包括理解、比较、分析、归纳、阐释和评价等过程,而这些过程离不开不同层次的思维过程;因此,语言学习活动离不开思维的过程。英语教学活动要让学生的思维动起来,让学生学会如何思考,在思考中学习。

二、基于主题意义探究的英语课堂教学

(一)为什么要倡导基于主题意义探究的英语教学

语言是由词汇按一定的语法所构成的复杂的符号系统,它包括语音系统、词

汇系统和语法系统,语言是人类所特有的交际工具。但是,在现实生活中,我们接触的语言并不是这些语音系统、词汇系统和语法系统,也不是这些系统的子系统,而是活生生的语言实例,即各式各样、长短不一的语篇。较短的语篇可以是一个单词甚至一句话,而较长的语篇可以是一本书甚至鸿篇巨著。也就是说,语言离不开语篇,语言是以语篇形式存在的。

学习语言离不开语篇。大家都知道,学习语言不能孤立地学习字母、发音、单词、句子、语法等,因为孤立的字母、发音、单词、句子本身往往没有意义。只有将字母、发音、单词、句子等语言构成要素置于语篇之中,它们才有意义,才是真实的语言。因此,语言学习者直接面对的应该是语篇,包括书面语篇和口头语篇。

语篇离不开内容。语篇不只是语言文字或声音的简单堆砌,语篇必须有内容和意义。如果把一组无关联的句子或段落堆砌在一起,即使每个句子和每个段落都有一定的意义,但这些堆砌在一起的句子或段落并不能构成真正的语篇,因为它们没有内容,只有那些有内容的文段才是语篇。

语篇的内容离不开主题和语境。语篇是现实生活中为了实现某种交际目的而产出的语言,交际通常发生在一定的情景之中,而且有特定的目的。交际的情景就是语境,交际的目的就是语篇的主题。语言学习就是通过在语境中学习有主题意义的语篇来实现的。

那么语篇究竟是什么呢?只有具有特定内容和意义的语篇才是真正的语篇。

基于主题意义探究的英语教学,有利于将内容与语言学习结合起来。在主题探究的英语课堂中,学生的注意力主要集中在语篇主题,而不是语言形式上。

目前,在教学中比较普遍的问题主要有以下几个方面。

1. 过于关注语言知识的学习和语言技能的训练,对语篇的主题意义不够重视

一些英语教师单纯地把教材中的语篇视为语言知识点的载体或语言技能训练的材料,对语篇的内容和主题意义不够重视。课堂教学环节主要围绕语言知识的学习和语言技能的训练展开。

2. 对语篇的主题意义把握不够准确

有些教师能够关注语篇的内容和主题意义,但是由于对语篇的研读不够深

入,对语篇的主题意义把握得不够准确。

3.主题意义探究得不够深入

有些教师在引导学生探究主题意义时,只停留在表层问题,未涉及深层含义。比如,在探讨保护野生动物这一主题时,主题意义的探究主要局限于哪些动物正濒临绝种、哪些动物遭到非法捕猎、应该如何保护野生动物等,而对于为什么要保护野生动物等深层问题却很少提及。

4.以教师为主导,学生参与程度不够

在一些课堂上,主要是教师向学生指出主题意义,阐释主题意义,学生被动地接受。学生不能结合自身的经验、知识和认知来探究主题意义。

(二)什么是基于主题意义探究的英语教学

围绕主题开展课堂教学并不是一个全新的概念,也不是英语课堂教学独有的。语文、数学、历史、体育等学科都可以采用主题式教学。主题教学的理念最早是教育学家提出的一种教学改革思路,其源头可以溯源至 20 世纪 50 年代美国兴起的主题课程教学模式。主题式教学是指在建构主义学习理论和多元智能理论的指导下,通过跨学科领域的主题探究与活动来发挥学生的主体建构性和主观能动性,从而实现学生全面发展的教学活动方式。

袁顶国、朱德全认为,主题式教学设计,是以主题为中轴,围绕教学主题而展开的,在系统论、学习理论与教学论指导下,以教学主题为枢纽,在系统内诸要素之间彼此联系、相互作用与协调运行中,驱动师生"双适应双发展"以达成教学主体心理结构的完善与自我实现的整体性设计。在主题式教学中,课堂教学的中轴得以真实突现,以真实情境表达教学主题,以教学主题表达教学目标和具体教学要求,以教学目标和具体教学要求去刺激和满足学生的认知和非认知发展需求。通俗地讲,主题式教学的基本思路是:在真实情景中围绕主题开展教学;根据主题设计教学目标和具体教学要求;根据教学目标和教学要求设计教学活动,帮助学生实现认知和非认知发展目标。

主题式教学设计的基本设计单位是主题,教师和学生围绕教学主题的内在逻辑而展开交互作用。教学主题应当是具有拓展性与研究性的课题,或是能引发师生共同关注的话题。主题式教学倡导者认为,客观现实与生活世界是间接知识的根源,学生学习必须遵循从感性认识到理性提升的学习规律。因此,主题

式教学强调理论知识与现实生活或真实世界的联系,关注抽象的间接知识与学生的生活世界的紧密联系,使间接经验的学习有直接经验做支撑。

主题式教学理念提出来以后,很快就被引入各学科的教学之中。近些年来,国内已经有很多大学和中小学英语教师尝试了基于主题探究的英语教学实践。应惠兰、何莲珍、周颂波在 20 世纪末就在浙江大学探索了主题式教学模式的理论与实践。基于该模式的课堂教学围绕学生感兴趣且能引起思考的共同主题,以便学生有机会接触到该主题不同层次丰富的语言现象和语料,并及时消化和积累这些语料,参与活动,表达自己的观点。每一单元的开始都安排准备活动,引导学生讨论与该单元主题有关的一般性问题,以便将学生头脑中的相关知识调动出来,使学生将已有知识和即将接触的新知识自然地联系起来,将基于网络的教学模式与主题式教学模式结合起来。具体做法是围绕特定主题,借助WebQuest 检索和获取资源,解决那些没有既定答案、有多种解决途径的问题。这里说的特定主题,主要来源于现实生活中的真实任务,使学生能在一个真实事件中运用所学知识解决问题或做出决策。教师不应只关注教材和知识点,还要关注真实生活中的问题。

(三)基于主题意义探究的英语教学建议及案例

1.尽量围绕主题和语境设计教学目标

课堂教学目标应该既包括基于主题的教学目标,也包括语言目标。基于主题的教学目标是指学生经过课堂学习在某个主题方面获得新的知识或加深对该主题的理解。比如,某个单元的主题是保护环境,那么可以围绕理解保护环境的重要性、措施和行动来设计主题教学目标。语言目标是语言知识、语言技能方面的目标。值得注意的是,即使是语言目标,也应该力求将其与主题意义或语言表意功能结合起来。

2.围绕主题安排教学内容和设计教学活动

通过主题把教学内容和不同教学板块联系起来。在很多英语教师的心目中,教学内容就是语音、词汇、语法等语言知识以及听、说、读、写等语言技能,其实,这是对教学内容的狭义理解。前文已经强调过,语言离不开语篇,语篇离不开内容。这里说的"内容"是指语篇本身的内容,即语篇表达的观点、再现的经验、传递的情感态度和价值观等。英语教学通常要基于口头或书面语篇开展教学活动,而这些口头或书面语篇肯定包含围绕某些主题的内容。这样看来,英语课堂教学的内容就可能包括两个方面:语言内容和主题内容。语言内容就是学生需要学习的语音、词汇、语法等语言知识以及听、说、读、看、写等语言技能;主题内容就是语篇承载的内容。为了提高学生的学习兴趣,使学生能够自始至终地在语境中接触、体验、感知和学习语言,我们建议围绕主题内容来安排课堂教学内容、设计教学活动,而不是围绕语言内容来设计。现在大多数英语教材都以话题为主线设计单元教学内容,这为教师围绕主题内容设计教学活动奠定了基础。学生在理解语篇内容、探究语篇主题意义的过程中,体验语言的使用,感知语言的结构,尝试运用所学语言。

3.将学习内容与学生自身的知识、经验和情感态度结合起来

在过去相当长的时期里,英语教学主要围绕语言内容来开展学习活动。在课堂上学生主要是学习和熟练词汇、语法等语言知识,语言输出(运用)环节学生也不是表达真实的交际意义。造成这一现象的主要原因是:教学内容未能与学生自身的知识、经验和情感态度结合起来。基于主题意义探究的英语教学为解决这一问题提供了契机。在基于主题意义探究的课堂上,学生不仅要充分理解语篇的意义,而且要对语篇意义做出反应,即分析、阐释、评价、判断语篇传递的信息和表达的意义。在此基础上,学生还要创造语篇,表达自己的思想、经验和情感态度。因此,在基于主题意义探究的课堂上,教师要特别注意将教学内容和教学活动与学生的知识、经验、情感态度结合起来。教师要时刻意识到意义探究的主体是学生,而不是教师;要让学生积极投入主题意义探究的过程之中;要引导和鼓励学生说真话、表达真实思想和分享经验;要让学生感觉到课堂学习不是在学习英语,而是在与同学、老师分享和交流知识、经验和情感态度。

4.合理安排主题意义探究与聚焦语言知识的学习活动的顺序

我们强调在英语课堂上开展主题意义探究,但并不意味着语言知识的教学不重要,在任何语境下的英语教学都不能忽视语言知识的教学。交际语言教学、任务型语言教学等教学途径都强调理解和表达真实的交际意义,但这些教学途径都重视聚焦语言知识的学习活动。过去长期盛行的一种做法是:先学习语言知识,再学习和理解语篇,即先学后用。这样做看似符合逻辑,但如果在学习语篇之前学习语言知识,那么语言知识怎么学习呢?在学习语篇之前教授语言知

识肯定会导致脱离语境的学习,其效果往往是事倍功半。因此,应该把聚焦语言知识的教学活动安排在语篇学习活动之后。这样,学生在语篇学习过程中接触语言、感知语言、理解语言,为聚焦语言知识的学习奠定基础。另外,在聚焦语言知识的学习活动中,重点学习目标是语言项目(词汇、语法等)在语篇中的意义和用法,而不是教授这些语言项目的所有意义和用法。

参考文献

[1]曹倩瑜.英语教学理论与教学法[M].西安:西安交通大学出版社,2017.

[2]赵娟.大学英语教学研究[M].成都:西南财经大学出版社,2017.

[3]常小玲."产出导向法"的教材编写研究[J].现代外语,2017(3):71-80,150.

[4]陈秀明,祁颖,谷珍.基于"产出导向法"的大学英语教学研究述评[J].教育现代化,2018,5(17):203-206.

[5]崔红霞,吴小梅."产出导向法"在民办院校大学英语听说教学中的应用[J].陕西教育(高教),2018(6):18,20.

[6]邓海龙."产出导向法"与"任务型教学法"比较:理念、假设与流程[J].外语教学,2018,191(3):59-63.

[7]樊睿.构建产出导向法视角下的大学英语教师角色转变[J].海外英语(上),2016(8):31-32.

[8]顾珙璋."产出导向法"与英语课堂人文素质教育效率提升研究[J].教育评论,2016(6):139-141.

[9]扈玉婷.产出导向法指导下的思维导图式大学英语写作教学环节设计[J].英语广场,2016(10):136-137.

[10]李晨,吴婷,郑锦菁.新形势下的大学英语"产出导向法"教学效果实验研究[J].吉林广播电视大学学报,2018,196(4):68-70,73.

[11]黄荣怀,刘晓琳,杜静.教育信息化促进基础教育变革的影响因素研究[J].中国电化教育,2016(4):1-6.

[12]黄维强.在英语阅读教学中融入思维品质培养的实践[J].中小学外语教学(中学篇),2017(11):6-12.

[13]黄小燕.基于核心素养的英语语言能力测评[J].中小学外语.教学(中学篇),2017(2):54-58.

[14]黄远振.英语为思而教:从"必须"走向"可能"[J].中小学外语教学(中学篇),2017(7):1-6.

[15]蒋楠.外语概念的形成和外语思维[J].现代外语,2004,27(4):378-385.

[16]黎明.修辞学:作为一种盲谈智慧——简论维柯的广义修辞学思想[J].当代修辞学,2011(5):88-94.

[17]李爱云.在初中英语语法教学中渗透思维品质的培养[J].中小学外语教学(中学篇),2017(1):48-54.

[18]李广凤,武云斐.试论信息技术与英语任务导向型教学模式的整合[J].课程.教材.教法,2007,27(8):46-50.

[19]李华.中学英语教学中高阶思维能力的培养[J].教育导刊,2013(3):79-82.

[20]李养龙,李莉文.高考英语科阅读能力测试与思辨能力培养:基于布卢姆认知能力分层理论的探讨[J].山东外语教学,2013(2):56-61.

[21]李艺,钟柏昌.谈"核心素养"[J].教育研究,2015(9):17-23.

[22]李运林.正确认识与践行教育信息化:论信息化教育暨纪念南国农先生逝世三周年[J].电化教育研究,2017(11):5-10.

[23]李祖祥.主题教学:内涵、策略与实践反思[J].中国教育学刊,2012(9):52-56.

[24]刘道义.中小学英语教育发展进程中的问题和建议[J].课程.教材.教法,2009,29(2):45-51.

[25]刘道义.谈英语学科素养:思维品质[J].课程.教材.教法,2018,38(8):80-85.

[26]刘晖.对艺术课程标准的文化定位[J].教育评论,2005(5):86-88.

[27]刘晶晶.澳大利亚基础教育国家学业质量标准述评[J].教育科学,2014,30(6):85-90.

[28]杜星月,李志河.基于混合式学习的学习空间构建研究[J].现代教育技

术,2016(6):34-40.

[29]段钨金,张畔枫.建构主义理论指导下的大学英语开放式教学模式研究[J].现代教育科学,2008(5):83-86.

[30]范琳,张其云.建构主义教学理论与英语教学改革的契合[J].外语与外语教学,2003(4):28-32.

[31]付安权.内涵与策略:教师在线专业发展理念检视[J].教师教育研究,2009(3):50-55.

[32]符章琼.网络混合式模式下大学英语教师专业发展的路径探析[J].兰州教育学院学报,2016(4):126-127.

[33]高瑞利.混合式学习评价体系的设计与实践[J].中国成人教育,2010(15):129-130.

[34]高玉.语言本质"道器"论[J].四川外语学院学报,2001(2):56-59.

[35]高永晨.中国大学生跨文化交际能力测评体系的理论框架构建[J].外语界,2014(4):80-88.

[36]葛春萍,王守仁.跨文化交际能力培养与大学英语教学[J].外语与外语教学,2016(2):79-86.

[37]郭冠平,张小宁.生态视城下的混合式学习模型构建[J].现代教育技术,2013(5):42-46.